Lost & Dark Places
Schwäbische Alb

Familienkatastrophen (Kapitel 24)

Benedikt Grimmler

Lost & Dark Places SCHWÄBISCHE ALB

33 vergessene, verlassene und unheimliche Orte

BRUCKMANN

↑ Fest im Griff (Kapitel 29)
↓ O Maria, hilf! (Kapitel 14)
↘ Retter gesucht (Kapitel 13)

INHALT

33 LOST & DARK PLACES

↑ Filmriss (Kapitel 27)
↗ Es läuft nicht wie geschmiert (Kapitel 9)

VORWORT

Wer auf gemächliche Art die Schwäbische Alb in Reinform erleben möchte, dem sei eine Fahrt mit der Schwäbischen Alb-Bahn (SAB) empfohlen: Von Gammertingen via Engstingen und Münsingen geht es in einem urtümlichen großen Schienenbus nach Schelklingen (oder natürlich umgekehrt). Zu Orten, die im Rest der Republik – und wohl auch in manchen Teilen Baden-Württembergs – vermutlich eher nicht ganz so bekannt sind. Von überschaubarer Größe liegen sie recht einsam in der Alblandschaft, manchmal sind es Wälder, oft aber die typischen Hangwiesen mit wenig Bewuchs, manchmal ebene Flächen, oft aber Täler, durch die sich die eingleisige Strecke schlängelt, begleitet von den uralten Telegrafenmasten frühester Eisenbahnzeiten. Es ist ein etwas nostalgisches Erlebnis, gemütlich, denn viele Bahnübergänge sind unbeschrankt und können dementsprechend nur vorsichtig gequert werden – und mit lautem Tuten (siehe 6).

Hier ist man inmitten der Alb, einem Mittelgebirge mit enormen Ausmaßen – weniger in die Höhe, auch wenn es mehrere Tausend-Meter-Berge gibt, sondern von der Länge her gesehen –, das sich fast von der Schweizer Grenze bis hoch ins nördlichste Oberfranken zieht. Getrennt wird die Schwäbische von der Fränkischen Alb durch den Meteoritenkrater des Nördlinger Rieses. Bestimmend ist auf der westlichen Seite insbesondere die Donau, die den Süden der Alb von Donau-

Überbleibsel eines grausamen Experiments: Ölschieferfabrik Eckerwald (Kapitel 23)

eschingen bis Ulm durchzieht. An diesem Fluss endet auch die Fahrt der SAB in Schelklingen, wo man auf ein riesiges nicht minder typisches Zementwerk trifft – das noch in Betrieb ist. Schon vorher ist der Zugreisende, wahrscheinlich ohne es zu bemerken, an einem gut versteckten Atomwaffenlager (siehe 6) und an einem einst schwer zugänglichen Geisterdorf (siehe 15) vorbeigekommen – solche Wissenslücken möchte unser Buch gern schließen. Immerhin, die Strecke wird noch bedient, was keine Selbstverständlichkeit ist. Die erste wichtige, vom Königreich Württemberg forcierte Eisenbahnlinie, die sogenannte Südbahn, führte von Stuttgart aus durch das Filstal nach Ulm und weiter zum Bodensee. Ihr Einfluss auf die Industrialisierung war enorm – an der Fils zwischen Esslingen und Geislingen, in geradezu explodierenden Ortschaften, sprossen zahlreiche Firmen und Fabriken mit oft heute noch großen Namen hervor. Manchmal sind es allerdings nur noch die Namen, die geblieben sind (siehe 22). Gut hundert Jahre später folgte der Eisen- die Autobahn, die sich, auf etwas anderem Wege, im Norden der Alb ebenfalls von Stuttgart nach Ulm zog. An der Kombination hat sich nichts geändert, im Gegenteil, als Nebenprojekt des heiß umstrittenen Stuttgart 21 sausen inzwischen auf einer Schnellstrecke Züge hin und her und die Autobahn erfreute sich bald so großer Beliebtheit, dass sie sogar verlegt werden musste (siehe 1) – und werden muss, womit sie sich allerdings einiger ihrer Kuriositäten beraubt.

Es verwundert nicht, dass der Erfolg der Bahn im Filstal auch in anderen Ecken der Alb Begehren auslöste, wo man weniger be-

günstigt war und ein weitaus kargeres Dasein fristete – etwa auf den wasserarmen Hochflächen. Doch der Wunsch nach einer eigenen Verkehrsanbindung traf auf wenig Begeisterung bei den Regierungsstellen, und wenn, dann oft erst sehr spät. In Zeiten der Weimarer Republik dampften die ersten Züge etwa auf den Heuberg, manche Strecken wurden gar niemals vollendet (siehe 9) und vor allen Dingen zumeist sehr früh wieder eingestellt. Die einstigen Schwierigkeiten beim Bau spiegeln heute die nicht selten beeindruckenden Hinterlassenschaften der gescheiterten Projekte wider (siehe 21).
Die einsamen, oft menschenleeren Regionen interessierten auch das Militär. Das schon erwähnte Atomwaffenlager ist ein später Beleg hierfür, aber schon früh errichtete die Armee auf der Alb Truppenübungsplätze und Kasernen, die Weltkriege taten ihr Übriges (siehe 4). Ein Sonderfall ist die Bundesfestung Ulm (siehe 29). Allerdings waren auch die Bauten des Militärs nicht von Dauer, insbesondere nach Ende des Kalten Krieges gab es für die vielen Standorte einen Zapfenstreich nach dem anderen, geblieben ist mancherorts buchstäblich gefährlicher Grund und Boden.
Die Industrie zog, wie erwähnt, schon früh vor allem in die Täler der Alb, z. B. in Form von Mühlen (siehe 10) und Hammerwerken (siehe 3). Typische Betriebe der Hochindustrialisierung waren Webereien und Spinnereien (siehe 22, 25), später folgte an der Donau der Zement (siehe 19). Nur wenige Fabriken haben jedoch die Jahrtausendwende erlebt, wenn sie nicht schon viel früher aufgegeben haben. Ein schreckliches Kapitel ist das »Unternehmen Wüste« (siehe 23), verursacht vom Größenwahn des sogenannten Dritten Reiches.
Neben diesen modernen Klassikern an Lost Places gibt es natürlich die älteren ›Kollegen‹: verschwundene Klöster, verfallene Kirchen und – auf der Alb besonders häufig – sehr bizarre Burgruinen. Ein weiteres Spezifikum der Region sind Wüstungen kompletter Städte – von diesen Siedlungen (siehe 5 und 8) ist oft erstaunlich wenig geblieben, egal, ob der Ort im Mittelalter zugrunde ging oder erst im 19. Jahrhundert. Und wie jede Landschaft, so hat auch die Schwäbische Alb ihre abseitigen, oft kuriosen und manches Mal einzigartigen Lost and Dark Places. So etwa einen geheimnisvollen Erdstall unter einem Gasthaus (siehe 20), ein Gefängnis nur für Priester (siehe 33) oder für Straßenräuber (siehe 17), eine gesperrte Skisprungschanze (siehe 12), ein verlassenes Kino (siehe 27), ein ebenso preisgekröntes wie gescheitertes Museum (siehe 7), Geschichten über eine sehr ungewöhnliche Äbtissin (siehe 26) und das tragische Schicksal der ersten Stewardess der Welt (siehe 32). Und somit beginnt unsere Entdeckungsreise der etwas anderen Art …

Licht am Ende: ehemaliger Eisenbahntunnel bei Gosheim (Kapitel 9)

Klassischer Lost Place:
Weberei in Ay (Kapitel 25)

VERHALTENSREGELN FÜR LOST PLACES

1. Behandeln Sie die Orte mit Respekt

Jedes Bauwerk und jedes Gebäude erzählt eine Geschichte aus vergangenen Tagen. Dies gilt es zu schützen. Und auch wenn es nicht immer so aussieht, hat jeder Lost Place einen Eigentümer. Dies ist zu respektieren und Zuwiderhandlungen können ernsthafte rechtliche Konsequenzen haben. Betreten Sie keine Gebäude oder Grundstücke unbefugt, zerstören oder beschädigen Sie nichts, öffnen Sie nichts gewaltsam. Sind Fenster oder Türen verschlossen, soll das auch so bleiben. Dieses Buch ist so konzipiert, dass Sie viele der Orte frei oder auf Nachfrage betreten dürfen (Burgruinen etc.) oder, falls dies nicht offiziell erlaubt ist, die Orte auch »mit Abstand« erfahren und genießen können.

2. Nehmen Sie nichts mit, lassen Sie nichts da

Wenn Sie etwas von einem Lost Place mitnehmen, und sei es noch so klein, ist es Diebstahl. Wie bereits in Punkt 1 gesagt, alle diese Orte haben einen Eigentümer. Daher gilt die Regel: Alles bleibt, wie es ist. Belassen Sie es bei den schönen Einblicken und Fotos, die Sie an dem Ort machen. Das bedeutet auch: Lassen Sie nichts zurück,

Verlöschende Erinnerungen:
Alter Friedhof Ulm (Kapitel 30)

keine Essensreste, keine Kaugummis, keine Zigarettenkippen..

3. Rauchen verboten

Das bringt uns zum nächsten Punkt: Rauchen verboten. Zollen Sie dem ehrwürdigen Ort Respekt und verzichten Sie für die Zeit, die Sie da sind, aufs Rauchen. Zigarettenkippen brauchen nicht nur 15 Jahre zum Verrotten (sie sollten ohnehin nirgends achtlos weggeworfen werden), sondern können schnell ein verheerendes Feuer verursachen.

4. Keine Graffiti

Dass Sie nichts hinterlassen sollen, gilt auch für »Kunstwerke« an den Wänden. Lassen Sie Wände und Mauern, wie sie sind. Auch die Menschen nach Ihnen sollen den Ort so erleben können, wie er früher einmal war.

5. Seien Sie vorsichtig und gehen Sie nicht allein

Besonders wichtig: Vorsicht ist besser als Nachsicht. Das gilt vor allem bei Lost Places. Brüchige Mauern, frühere Keller, herumliegende Überreste oder auch Müll, aber auch natürliche Gegebenheiten (Bodenlöcher, Höhlen) bergen einige Gefahren. Zudem liegen manche der Objekte recht einsam. Deshalb ist es ratsam, immer mindestens zu zweit, besser noch zu dritt einen Lost Place zu besuchen. Da gilt die alte Regel: Ist eine Person verletzt, bleibt die zweite vor Ort und die dritte holt Hilfe. Zudem weiß man nie, wen man vor Ort trifft. Plünderer, Spinner oder Betrunkene sind auch oft rund um Lost Places anzutreffen. Da ist es beruhigender, nicht allein unterwegs zu sein.

Kein Durchkommen:
Bundesfestung Ulm (Kapitel 29)

Hat alle Brücken hinter sich abgebrochen:
Ruine Schülzburg (Kapitel 24)

1

WANDERN AUF DER AUTOBAHN

Der Albaufstieg der A8

Was an sich ein lebensgefährliches Unterfangen wäre, ist seit der Verlegung des berühmten Albaufstiegs der A8 inzwischen möglich: Spazieren auf dem einstigen Vorzeigeobjekt der Reichsautobahn Stuttgart–Ulm.

Aichelberg, Landkreis Göppingen (GP) **Ort** Zwischen 73101 Aichelberg und 73344 Gruibingen **GPS** 48.629484, 9.572179 **Anfahrt** Mit dem Zug zum Bahnhof Göppingen (RE Friedrichshafen–Stuttgart, MEX Geislingen–Stuttgart). Mit dem Auto über A8, Ausfahrt Aichelberg

Die Stützmauern und versetzten Trassen der alten Fahrbahn bei Aichelberg sind noch am besten erhalten.

FAHRERFRUST Es gab eine Zeit, da konnte eine Fahrt auf dem Albaufstieg zum reinen Horror werden. Und das drastische Wort ist keineswegs übertrieben. So versagten einem schwer beladenen LKW im Februar 1985 während der Fahrt in Richtung Stuttgart bergab die Bremsen, sodass er den vor sich fahrenden PKW streifte und in einen weiteren LKW hineinschob, der daraufhin umstürzte. Anschließend fingen die in sich verkeilten Fahrzeuge Feuer. Doch das war noch nicht das Ende des schrecklichen Szenarios. Als die herbeigeeilten Feuerwehren nach dem Löschen des Brandes den gestürzten LKW heben konnten, kam ein weiteres ausgebranntes Autowrack zum Vorschein, dass dieser mitsamt Insassen zerdrückt hatte.

Während die restlichen Beteiligten, wenn auch teils schwer verletzt, überlebt hatten, war hier keine Rettung mehr möglich, die drei Personen in dem Wagen starben. Es war nicht der erste Unfall dieser Art, erst wenige Monate zuvor war bereits ein LKW ungebremst in einen vorausfahrenden PKW gerast, zwei Todesopfer waren die Folge. Der Albaufstieg der A8, einst Stolz der Autobahnbauer, war zum Schrecken der Fahrer geworden, egal in welche Richtung sie sich bewegten, ob in Richtung Ulm bergauf oder in Richtung Stuttgart bergab, wirklich gerne fuhr in jenen Tagen wohl niemand mehr auf der Strecke durch die an sich schöne Landschaft. Und der Betrachtung dieser konnte man unter Umständen sehr lange frönen, kam es mal wieder zu einem der endlosen Staus beim Hinauffahren. Auch hier waren oft LKW Auslöser oder einfach ein Zuviel an Fahrzeugen, etwa in Ferienzeiten, zudem spielte das Wetter eine Rolle, ein Wintereinbruch konnte schnell zum Risiko werden. Die Staus, gerne mal 15 Kilometer lang, waren das eine Problem, das gravierendere jedoch naturgemäß die Unfälle. Eine Zählung vom 1. Januar 1965 bis 31. Dezember 1970 ergab 680 Zusammenstöße unter Beteiligung von 1503 Fahrzeugen. Und der Verkehr nahm weiterhin zu. Das war einer der Gründe für die immer höheren Stau- und Unfallzahlen, hinzukam die veraltete Streckenführung mit zu engen Kurven und teils Steigungen von bis zu sieben Prozent.

AUF UND AB Vorauszusehen war das von den Erbauern der Autobahn Stuttgart–Ulm nicht. Zwar hatten auch sie, als es überhaupt zur Idee des Anlegens von Schnellfahrstrecken in der Weimarer Republik kam, einen Anstieg der Auto-Mobilität vor Augen, aber Zahlen von 75 000 PKW am Tag auf der Albautobahn wären ihnen sicher als utopische Übertreibung erschienen. Die ersten

Pläne zu einem Autobahnnetz, das bereits eine Verbindung der beiden Städte vorsah, wurden später von den Nationalsozialisten aufgegriffen, die darin weniger eine Erleichterung des privaten Fahrvergnügens sahen, sondern im Sinne ihrer forcierten Aufrüstungsbestrebungen eine Möglichkeit zur schnellen Truppenverschiebung. Den Streckenplanern stellte sich jedoch buchstäblich ein massives Hindernis in den Weg: die Schwäbische Alb bzw. deren Steilabfall. Irgendwie mussten die fast vierhundert Meter Höhenunterschied möglichst elegant überwunden werden. Verschiedene Varianten standen zur Diskussion, sowohl was die Streckenführung als auch deren bauliche Umsetzung anging, anfangs wurden insbesondere Abschnitte mit längeren Tunneln bevorzugt. Die hohen Kosten und die geologischen Unsicherheiten schreckten die Planer aber schließlich von solchen Vorhaben ab. Zum Zug kam am Ende eine Strecke von Kirchheim unter Teck via Aichelberg, wo ein erster Aufstieg erfolgte, weiter über Gruibingen bis Mühlhausen im Täle, wo ein zweiter Albaufstieg eine Teilung der Fahrbahn bis Hohenstadt erforderte. Der Bau begann 1934 mit dem erwähnten ersten Albaufstieg bei Aichelberg als einem der wichtigsten Abschnitte, für den man sich eine besondere Lösung ausgedacht hatte. Nachdem die ursprüngliche Idee eines großen Dammes sich als zu unsicher herausgestellt hatte – es wurden Rutschungen befürchtet –, machte man sich an die Errichtung eines fast ein Kilometer langen Viadukts, der sich in langer Biegung auf gut 40 Pfeilern sehr nahe am Dorf Aichelberg entlang zog, wo er in den Hang des Turmbergs mündete. Hier im Anschluss waren die beiden Fahrbahnen leicht höhenversetzt. Viadukt und Trasse am Hang wurden gepflastert, was als vorteilhaft galt, aber im Winter für sehr schlechte Fahrbahnverhältnisse sorgen würde. Die Pflasterung wurde gleichwohl erst in den 1960er-Jahren überteert. Der Aichelberg-Viadukt war ein deutlicher Einschnitt in die Landschaft, wurde jedoch von den umliegenden Gemeinden durchaus mit Stolz betrachtet und sogar zum Postkartenmotiv erklärt.

Die Arbeiten an der neuen Strecke waren nicht ungefährlich.

DAS KANN WEG Kein Wunder, ein hin und wieder vorbeirollendes Automobil seit Eröffnung der Autobahn 1938 war schließlich noch eine Seltenheit. Das galt längst nicht mehr seit der Wirtschaftswunderzeit. Die oben genannten Probleme nahmen ihren Lauf. Hinzukam, dass die Brücken, neben dem Aichelberg-Viadukt diejenige über die Franzosenschlucht, der deutlichen Zunahme des Verkehrs Tribut zollen mussten. Bauschäden, höheres Verkehrsaufkommen, Unfalle und Staus führten folgerichtig seit den 1970er-Jahren zu Neubauplänen, die der Entlastung und Entschärfung dienen sollten. Wieder entstanden diverse Varianten, wobei sich schließlich für einen Komplettabriss des Aichelberg-Viaduktes entschieden wurde, der nun doch durch einen Damm ersetzt werden sollte. Bis Gruibingen wurde die Trasse leicht

Streugut ist an der alten Strecke inzwischen Mangelware.

verschoben, nun weniger kurvenreich und mit sanfteren Höhenunterschieden. Noch 1985 begann der Um- und Ausbau der A8. 1992 war es dann soweit, der Viadukt wurde vorsichtig abgebaut, da man ihn aufgrund seiner Nähe zum Dorf nicht einfach sprengen konnte. Die alte Autobahn wurde der Natur übergeben, vom Viadukt war tatsächlich nach wenigen Jahren nichts mehr zu sehen, die sogenannte Waldschleife in der Nähe des Deutschen Hauses vor Gruibingen wurde aufgeforstet und ist heute nurmehr aus der Luft durch ihre etwas niedrigere Bepflanzung erkennbar. Kurz vor dem Ort dient ein Stück der ehemaligen Autobahn als Landstraße. Einzig markantes Überbleibsel sind die hohen Stützmauern am Turmberg, dort, wo die beiden Fahrbahnen einst leicht versetzt direkt am Hang entlangführten. Völlig ungefährdet lässt sich hier spazieren gehen, während nebenan die Fahrzeuge die neue A8 hinauf- und hinabrauschen.

Das besondere Erlebnis

Auch der zweite berühmte Abschnitt des Albaufstiegs könnte in näherer Zukunft Geschichte sein. Die bisherige Teilung am Drackensteiner Hang in einen separaten Aufstieg bei Wiesensteig und einen Abstieg nahe Gosbach über zwei weit voneinander entfernte Fahrbahnen soll vereint, überwiegend durch Tunnel ersetzt und stark verkürzt werden. Die Planungs- und Trassenfindungsphase hat einen ähnlich langen Vorlauf wie einst am Aichelberg, bereits kurz nach der Jahrtausendwende wurden die ersten Projektionen vorgenommen, um 2024 soll nun endlich mit dem Bau begonnen werden. Nach Vollendung wird ein Großteil der Altautobahn verschwinden, einige Abschnitte allerdings sollen unter Neuverwendung erhalten bleiben. Angedacht ist dabei auch ein Radweg, dann könnte auf der alten A8 nicht nur gewandert werden.

Das Amtenhausener Tal ist nun noch einsamer als früher, seitdem das Kloster (fast) verschwunden ist.

2

VERTRIEBENE FRAUEN

Kloster Amtenhausen

Gut siebenhundert Jahre lang lebten fromme Frauen im abgeschiedenen Amtenhausener Tal. Sie überstanden Herrscherwechsel, Kriege und Religionskonflikte. Und doch ist von ihrem Kloster vor Ort wenig geblieben.

Amtenhausen (Gemeinde Immendingen), Landkreis Tuttlingen (TUT)
Ort Klosterhof 6, 78194 Immendingen **GPS** 47.947455, 8.684646
Anfahrt Mit dem Zug zum Bahnhof Immendingen (RE Konstanz–Karlsruhe, RE Donaueschingen–Ulm). Mit dem Auto über A81, Ausfahrt Geisingen

STIMMUNGSWECHSEL So abgelegen war selbst das beschauliche Kloster im Amtenhausener Tal nicht, dass man dort die bedrohlichen Nachrichten aus der Nachbarschaft nicht wahrgenommen hätte. Mit großer Beunruhigung hörte man, wie in jenen Gebieten, die unter österreichischer Herrschaft standen, zahlreichen Konventen die Auflösung nicht nur angedroht, sondern diese auch durchgeführt wurde. Der aufgeklärte Herrscher, Joseph II., war vor allem den sogenannten kontemplativen, also stillen, dem Gebet verschriebenen Orden wenig wohlgesonnen, Gnade fanden bei ihm nur Gemeinschaften, die sich aus seiner Sicht nützlichen Aufgaben, sprich der Erziehung oder der Krankenpflege widmeten. Wer diesen Nachweis karitativer Tätigkeit nicht erbrachte, dessen Konvent wurde aufgehoben.

An Amtenhausen, obwohl ein Frauenkloster ohne Schule, Spital oder Mitwirkung in der Seelsorge, ging diese Säkularisierungswelle der Jahre um 1782 vorüber, gehörte es doch zur Landesherrschaft derer von Fürstenberg. Aber auch hier waren arge Risse im jahrhundertelangen Wohlwollen des Fürstenhauses spürbar, sodass gerade der Schutzherr des Klosters zur möglichen Bedrohung werden könnte. Reizvoll für jeden Territorialherren an der Aufhebung eines Klosters – und schon ein nicht zu unterschätzendes Motiv während der Reformation – war der automatische Übergang des Besitzes des Konventes, der durchaus beträchtlich sein konnte. Der erwähnte Zeitgeist der Aufklärung unterfütterte das Vorgehen ideologisch, zumindest vordergründig ließ sich leicht gegen Stätten eines konservativen Aberglaubens und nutzloser Tätigkeit auf Kosten der Allgemeinheit argumentieren. Solch Denken herrschte längst auch unter der Beamtenschaft Fürstenbergs vor, wie die Äbtissin des Klosters nur allzu deutlich bemerken musste. Denn sie hatte ein dringendes Anliegen, seit Jahrzehnten war ihr Kloster, von der Innenausstattung der Kirche abgesehen, baulich vernachlässigt worden. Mit einer einfachen Renovierung war es nun nicht mehr getan, ein Neubau musste her. Und zwar dringend. Bei Hofe sah man das anders: Lohnte sich die Investition überhaupt noch? Das Liebäugeln mit einer baldigen Aufhebung war im zögerlichen Handeln bereits deutlich spürbar.

IN ABHÄNGIGKEITEN Ausschlag gaben schließlich zwei Gutachter, die sich die Situation vor Ort angesehen hatten. Und in gewisser Weise war es ausgerechnet die aufgeklärte Gesinnung der beiden, des Regierungspräsidenten von Laßberg und des Hofarztes Rebmann, die das Kloster vorerst noch einmal rettete. Beide empfanden die Zustände durch die Verwahrlosung der Bauten als so unmenschlich, dass sie einen Neubau ausdrücklich empfahlen. Dieser wurde ab 1786 schließlich umgesetzt. Es war ein letzter Lichtblick für die Benediktinerinnen, die hier seit Beginn des 12. Jahrhunderts lebten. Sie gingen auf eine Abspaltung vom Schwarzwaldkloster St. Georgen zurück, das einst als Doppelkonvent gegründet worden war, seine Frauenabteilung dann jedoch in das Tal bei Immendingen verlegte – der Ort Amtenhausen hatte schon vorher existiert, er war erstmals 973 genannt worden. Trotzdem entsprach die Region der klösterlichen Anforderung nach Abgeschiedenheit. Die Ausgründung war ein großer Erfolg, gut an die hundert Mitglieder zählte die Gemeinschaft zu ihren besten Zeiten, die Mitschwester Beatrix starb 1111 im Ruf der Heiligkeit, was die Attraktivität Amtenhausens für Bewerberinnen, aber auch Pilger enorm steigerte. 1113 kam der Bischof von Konstanz und weihte das Kloster. Unklar blieb jedoch über die nächsten Jahre, Jahrzehnte und Jahrhunderte der Status Amtenhausens: War es nun – weiterhin – ein Teil des Männerklosters St. Georgen, und damit rechtlich und geistlich von ihm abhängig, oder stand es nur unter dessen Betreuung? War St. Georgen demnach nur zuständig für die Abstellung eines Priesters für die Anhörung der Beichte und Lesung der Messe, ansonsten aber konnte die Meisterin, die Vorsteherin, größtenteils frei entscheiden? Und dann waren da ja noch die weltlichen Herren, in deren Einflussgebiet das Kloster und dessen Besitz lagen. Anfangs die Wartenberg, nach deren Aussterben die Fürstenberg. Und der Bischof von Konstanz als oberste geistliche Instanz redete auch noch hin und wieder mit. Diese Streitigkeiten prägten die Jahrhunderte und unterlagen nicht wenigen Schwankungen. Mit der Zeit kristallisierte sich eine zunehmende Selbstständigkeit Amtenhausens in geistlichen Dingen – die Meisterin etwa stieg im 17. Jahrhundert zur Äbtissin auf –, aber unter Aufsicht St. Georgens heraus, während

Das Prioratsgebäude hat als einziges die Aufhebung überstanden.

rechtlich und politisch Fürstenberg die Oberhand gewann, das dem Kloster aber stets äußerst freundschaftlich gesinnt war. Und so überstand der Konvent die Reformation, die Plünderungen und Vertreibungen des Dreißigjährigen Krieges und auch die Schwierigkeiten während der Einquartierungen und Kontributionen der nachfolgenden Konflikte.

ABSCHIED AUS AMTENHAUSEN Trotzdem waren die letzten Jahre besonders hart. Rund um 1800 wurde man direkt in die Koalitionskriege hineingezogen, französische Truppen lagerten in und um das Kloster, forderten Versorgung oder nahmen sie sich einfach. Zeitweilig mussten die verbliebenen Nonnen, gut zwanzig Frauen, das Kloster räumen. Und auch vom Schutzherrn Fürstenberg hatte man kaum noch Gutes zu erwarten: Der konnte 1802 nunmehr die Aufhebung des Konventes durchsetzen, ganz im Trend und auf vermeintlich rechtlicher Grundlage. Dabei gab der Fürst sich noch vergleichsweise gnädig: Er vertrieb die Schwestern nicht, sie behielten Wohnrecht in Amtenhausen und erhielten eine auskömmliche Pension. Interessant war für das Herrscherhaus naturgemäß vor allem der ökonomische Aspekt, sprich der Landbesitz. Ins Prioratsgebäude, einem Barockbau des 18. Jahrhunderts zogen Förster und Pächter ein. Dadurch blieb es als einziges Original des Klosters erhalten. Die Konventbauten, die ja erst 1791 neu bezogen und nun von den alternden Nonnen bewohnt wurden, fielen wie die Kirche der Vernachlässigung anheim. Als es den Fürstenbergern nach mühsamen Verhandlungen gelang, 1850 die letzte Überlebende zum Auszug zu bewegen, wurde das Gotteshaus noch im gleichen Jahr offiziell entweiht und sämtliche nun unbewohnten Gebäude auf Abbruch versteigert. Der erfolgte äußerst gründlich. Der gesamte eigentliche Klosterbau mit der Kirche, südlich des noch existierenden Prioratsgebäudes, verschwand spurlos. Geblieben sind einige Ausstattungsgegenstände der früheren Klosterkirche, die nach Emmingen ab Egg, Zimmern oder Immendingen abgegeben wurden. Eines der wertvollsten Stücke, die Silbermann-Orgel des Gotteshauses, gelangte nach Neudingen (siehe 16). Dort verbrannte sie 1852.

Ein Gedenkstein an der Stelle des Klosters

Das besondere Erlebnis

Oberhalb des einstigen Klosters, auf einem felsigen Hügel, lag die Burg Amtenhausen, hin und wieder auch unter dem Namen Burg Zimmern geläufig. Über die Geschichte der frühmittelalterlichen Anlage, von der sich noch deutliche Wälle abzeichnen, ist nur sehr wenig bekannt. Existiert haben dürfte sie vom 8. bis zum 11. Jahrhundert, vermuten die Historiker, umstritten ist dagegen, ob sie zum Zeitpunkt der Klostergründung noch bestanden hat und ob sie mit dieser in Zusammenhang gebracht werden kann.

3

EINE BESCHEIDENE HÜTTE

Im Bachzimmerer Tal

Zweimal wurde in Bachzimmern der Versuch unternommen, erfolgreich Bergbau zu betreiben. Dazwischen wurde das Tal völlig anders genutzt: als Tierpark. Nur wenige Spuren blieben von beiden Vorhaben.

Bachzimmern (Gem. Immendingen), Landkreis Tuttlingen (TUT)
Ort Bachzimmern 1, 78194 Immendingen **GPS** 47.957662, 8.708480
Anfahrt Mit dem Zug zum Bahnhof Immendingen (RE Konstanz–Karlsruhe, RE Donaueschingen–Ulm). Mit dem Auto über A81, Ausfahrt Geisingen

Nur das ansehnliche Verwaltungsgebäude blieb vom Hammerwerk.

ERSTER VERSUCH Es waren Probleme, die man kannte. Seit 1523 unternahmen die Herren von Fürstenberg, damals noch Grafen, in Hammereisenbach den ersten Anlauf zum Aufbau eines Bergwerkbetriebes, wie der Name des Ortes bereits verrät – und viel mehr als dieser Name ist später auch nicht geblieben. Das Unternehmen war nur ein leidlicher Erfolg, insgesamt lief es eher zäh, mal etwas besser, meist etwas schlechter. Zuverlässige Pächter zu finden war schwierig, ebenso konfliktreich war der Umgang mit angeworbenen Fachkräften aus dem Erzgebirge, wobei die Schwierigkeiten hier hauptsächlich hausgemacht waren: Zwar zeigte man sich durchaus angetan von der Expertise der sächsischen Bergleute, auf wenig Gegenliebe stieß jedoch im katholischen Fürstenberg ihr protestantischer Glaube. Trotz hoheitlich verkündeter Toleranz bedrängte man sie immer wieder und wunderte sich dann, wenn diese in benachbarte lutherische Territorien abwanderten. Das Hammereisenbacher Werk lavierte sich folglich mehr schlecht als recht durch die Zeiten, bis Anfang des 18. Jahrhunderts mal wieder ein Reformversuch stattfand. Ein Fachmann, wiederum aus Sachsen, sollte sich im Auftrag des inzwischen Fürsten von Fürstenberg im Lande nach möglichen Standorten neuer Bergwerksbetriebe umsehen. Dessen Auge fiel dabei auf den unscheinbaren Weiler Bachzimmern nahe Immendingen, in jenen Tagen nur aus ein paar Höfen und einer Kapelle bestehend, aber umgeben von riesigen Wäldern und seit alters her bekannten Erzvorräten. Der Experte empfahl deshalb die Errichtung eines Schmelzwerkes. Durch Holzschlag konnte Kohle gewonnen werden, um den Ofen für das abgebaute Erz zu befeuern. 1707 entstand das Werk Bachzimmern, das mit Hammereisenbach als Einheit gesehen wurde. Nachdem das Gesamtunternehmen wieder einmal ins finanzielle Schlingern geriet, wurde die Arbeitsteilung geändert: In Bachzimmern wurde geschmolzen, in Hammereisenbach der Rohstoff verarbeitet. Aber diese Trennung war wenig vorteilhaft, lagen die beiden Orte doch Stunden auseinander. Letztlich setzte sich die alte Geschichte nun auch in Bachzimmern fort: Es gab zahlreiche Pächterwechsel und die kurzen erfolgreichen Zeiten wurden durch lange Perioden der Unwirtschaftlichkeit schnell wieder aufgehoben.

ZWEITER VERSUCH Noch immer waren es die Konfessionsstreitigkeiten, unzuverlässige bis korrupte Pächter und hinzukommend technische Probleme durch die mangelnde Wasserkraft des schwachen Weißenbachs, die immer wieder Stillstand erzwangen. 1782 wurde der Standort Bachzimmern zugunsten eines Schmelzwerkes im Kriegertal aufgegeben. Der Fürst hatte mit Bachzimmern nämlich ohnehin etwas ganz anderes vor. Seit Längerem beklagten sich die Bewohner der Region über die starke Vermehrung des Wildes, die für allerlei Schäden insbesondere in den Wäldern sorgte. Der Landesherr ließ darauf nach Beratung einen Plan entwickeln, der grob gesprochen aus zwei Komponenten bestand. Erstens: Seine Untertanen durften fortan Rehe und Hirsche töten – ein Privileg, das sonst dem Adel vorbehalten war, weshalb der Fürst auch die Jagd auf andere Tiere (Füchse, Hasen) weiterhin verbot. Zweitens: Die Jagderlaubnis galt jedoch nur außerhalb eines neuen Tierparkes, der im Bachzimmerer Tal angelegt werden sollte. Die Idee dahinter lautete, einen Großteil der Waldtiere nach Bachzimmern zu treiben, wo sie in einem vorbereiteten riesigen Gehege keinen Schaden anrichten, aber zugleich dem Fürsten als Jagdvergnügen dienen konnten. 1781 wurde somit ein enormer Holzzaun errichtet, der insgesamt fast 1950 Hektar Land um-

Ein rekonstruierter Kohlenmeiler erinnert an die Zeiten des Bergbaues.

gab. Die nicht minder riesige Treibjagd, an der unter Führung herrschaftlicher Oberjäger Tausende von Untertanen mehrere Tage teilnahmen, brachte knapp über zweihundert Tiere in das Gehege. Nachdem der Zaun geschlossen worden war, musste er stets streng bewacht und immer wieder erneuert werden. Bachzimmern brachte der Tierpark mehrfache Besuche der Fürsten ein, die sich hierfür 1787 ein kleines – und noch immer vorhandenes – spätbarockes Schlösschen direkt am Parkrand errichten ließen. Der Unterhalt der gesamten Anlage war allerdings sehr aufwendig, Personal musste bezahlt und Futter für die Tiere bereitgestellt werden, der Zaun geriet witterungsbedingt bald in schlechten Zustand. 1812 war deshalb schon wieder Schluss. Die Tiere wurden verlegt oder vor Ort getötet.

DRITTER VERSUCH Es war wohl nicht zufällig genau das Jahr, in dem Bachzimmern wieder Standort eines Schmelzbetriebes wurde. Die Stilllegung wurde also rückgängig gemacht, aber nicht alles auf Anfang gesetzt. Insgesamt entstand ein komplett neues, nun auch wesentlich größeres Hüttenwerk unter Aufsicht des engagierten Ferdinand von Steinbeis. Die Wasserkraftprobleme sollten gelöst werden, das Werk vergrößerte sich, ein zweiter Hochofen kam hinzu, eine Gießerei, ein Erzkasten und eine Erzwascherei. Ein moderner Industriebetrieb war entstanden, der 1833 in Amalienhütte – nach der Gattin des Fürsten – umgetauft wurde. Um 1835, auf dem Höhepunkt des Betriebes, waren dort gut 80 Arbeiter beschäftigt, das Geschäft lief. Nach Querelen mit der fürstenbergischen Bürokratie allerdings verließ Steinbeis den Betrieb und mit ihm wich der Erfolg. Dies lag allerdings nicht nur am Weggang des verdienten Mannes: Das Eisen der Region konnte qualitätsmäßig nicht mehr mithalten, die Befeuerung durch Holz war durch die konkurrierende Steinkohle nicht länger rentabel und die Eisenbahn verbesserte zwar den Transport – war aber zu weit entfernt und begünstigte damit andere Standorte. 1862 wurde der Betrieb zum zweiten Mal und nunmehr endgültig eingestellt, nur für kurze Zeit nutzte die Maschinenfabrik Immendingen (siehe 11) noch einige der Vorrichtungen. Bis auf das stattliche einstige Verwaltungsgebäude, in das ein Förster einzog, verschwand das Hüttenwerk trotz seiner beachtlichen Ausmaße so gut wie spurlos. Neben einem kürzlich zu Schauzwecken wiederhergestellten Kohlenmeiler erinnert vor allem der Name des örtlichen Gasthauses an die einstige Bergbauzeit Bachzimmerns: Zur Flamme.

Das besondere Erlebnis

In der Verenakapelle, die älter ist als die eingemeißelte Jahreszahl 1591, befindet sich eine geheimnisvolle Inschrift. Sie wurde in den 1940er-Jahren mit anderen Fresken wiederentdeckt und gibt seitdem allerhand Rätsel auf. Bestehend aus fünf Zeilen, ist sie bislang nicht plausibel entziffert worden, was sowohl an ihrer Altertümlichkeit – ihr Entstehungsdatum ist ungeklärt –, ihrer ungewohnten Anordnung, da sie teils von links nach rechts, teils von rechts nach links zu lesen ist, als auch an der Tatsache liegt, dass sie womöglich durch unsachgemäße Überarbeitungen im Sinn entstellt wurde und zudem manche Buchstaben abhandengekommen sind. Jüngere Deutungen vermeinen, darin den seltsamen (übersetzten) Satz: »Dies ist unser Frauen Zeichen in dem finsteren Wald« zu erkennen, als Palindrom rückwärts und vorwärts zu lesen.

Andere Spuren der einst zahlreichen Bauten im Tal sind schwerer zu entdecken.

Teile des früheren Kasernengeländes präsentieren sich in fragwürdigem Zustand.

4

ABSTURZ

Fliegerhorste in Dornstadt

Zweimal beherbergte Dornstadt militärische Flugplätze. Jeweils rund um die Kriege des 20. Jahrhunderts existierten die Anlagen, die danach fast spurlos wieder verschwanden.

Dornstadt, Alb-Donau-Kreis (UL) **Ort** Bodelschwinghweg, 89160 Dornstadt **GPS** 48.464333, 9.959219 **Anfahrt** Mit dem Zug zum Bahnhof Beimerstetten (MEX Stuttgart–Ulm). Mit dem Auto über A8, Ausfahrt Ulm-Ost

IM AUFTRAG SEINER MAJESTÄT Am 14. Oktober 1944 landet auf dem Flugplatz Dornstadt eine aus Berlin kommende Maschine, der zwei Generäle entsteigen: Wilhelm Burgdorf und Ernst Maisel. Beide sind gekommen, um Deutschlands berühmtesten Soldaten aufzusuchen. Generalfeldmarschall Erwin Rommel wohnt nicht weit entfernt in Herrlingen. Doch es ist kein Höflichkeitsbesuch: Im Gepäck haben die beiden Vertreter des Oberkommandos der Wehrmacht (OKW) eine Zyankali-Kapsel. Auf Geheiß Hitlers sollen sie Rommel, der in Verdacht steht, mit den Widerständlern des 20. Juli paktiert zu haben, zum Selbstmord zwingen. Die Erpressung gelingt, Rommel bringt sich um. Seine frühe militärische Karriere war auf weniger tragische Weise schon einmal mit Dornstadt verbunden gewesen. Dort hatte er 1914 einst auf dem 1883 für die Ulmer Garnisonen angelegten Truppenübungsplatz Lerchenfeld – der noch immer existiert – an Übungen teilgenommen. Verschwunden ist dagegen die während des Ersten Weltkriegs auf Geheiß des württembergischen Königs aufgebaute »Fliegerstation« in unmittelbarer Nähe des Lerchenfeldes. 1916 geplant, sollte das gut 120 Hektar große Gelände möglichst schnell mit allerlei notwendigen Bauten von Flughallen bis zur Reparaturwerft und sogar mit einem Gleisanschluss versehen werden. Doch das Vorhaben zog sich, es gab Streit mit den Bauern, die ihr Land abtreten sollten. Erst im Herbst 1917 konnte mit dem Bau begonnen werden, der immerhin recht flott vonstattenging. Fünf Flugzeughallen, die Werft, eine Tankstelle, der geplante provisorische Gleisanschluss sowie weitere Gebäude entstanden. Nur so richtig in Betrieb kam das Ganze nicht mehr, der Krieg war vorher aus. Die Hallen wurden gesprengt, da der Versailler Vertrag den Deutschen eine Luftwaffe verbot. Die nun ›alte‹ Werft und einige Nebenbauten blieben bestehen und wurden von Zivilpersonen bezogen, das Gelände überwiegend wieder landwirtschaftlich genutzt. Zwar erfolgte 1934 eine Reaktivierung des Flugplatzes Dornstadt – aber an anderer Stelle, wovon gleich zu berichten ist. In den 1990er-Jahren werden die letzten Reste der einstigen Fliegerstation beseitigt und später komplett von einem neuen Gewerbegebiet an der Autobahn überbaut.

FLIEGEN UND FORSCHEN Obwohl immer noch offiziell verboten, beginnen die Nazis im Rahmen ihres massiven Aufrüstungsprogrammes mit dem Aufbau einer Luftwaffe. Teil des Projekts ist auch die erwähnte Wiederherstellung des Flugplatzes Dornstadt,

Impression des orthodoxen Friedhofs für die damaligen Heimbewohner

bestehend aus einem – gut tarnbaren – Flugfeld auf dem Rasen und von 1934 bis 1936 errichteten Bauten; auch ein Schmalspurgleis zur Bahnlinie Ulm–Stuttgart ist Teil der Anlage, die außerhalb des Ortes und nordwestlich der früheren Fliegerstation liegt. Anfangs nur Notlandeplatz, wird Dornstadt in den folgenden Jahren zu einem wichtigen Zentrum der Ausbildung an verschiedenen Flugzeugtypen. Die regulären Flugaktivitäten sind dagegen eher selten und nehmen mit Kriegsbeginn weiter ab, doch hin und wieder werden auf dem Flugfeld neueste Modelle getestet. Das von oben wie ein großes landwirtschaftliches Gehöft aussehende Areal, durch Anpflanzungen nach außen ebenfalls unauffällig und gut abgeschirmt, bleibt den Alliierten lange verborgen. Dies macht den Standort zusätzlich attraktiv für militärische Forschung. So wird eine »Zentralversuchsstelle für Hochfrequenzforschung« eingerichtet, die in geheimen Projekten hauptsächlich gegen die erfolgreichen Störungen der deutschen Ortungssysteme vorgehen soll. Aber auch an neuen Bombenmodellen wird in Dornstadt herumexperimentiert. Flieger landen nur noch selten, durch Beschädigungen oftmals unfreiwillig vor Ort, trotzdem ist der alliierten Luftaufklärung der Flugplatz nun doch aufgefallen und ab Sommer 1944 kommt es zu gelegentlichen Angriffen, die jedoch nur zu geringen Schäden führen. In den letzten Kriegstagen werden von der Luftwaffe mit untauglichen Mitteln wieder verstärkt von Dornstadt aus Feindflüge unternommen, wofür allerhand Personal bis hin zu Flugschülern zusammengekratzt werden muss. Schließlich flieht die Besatzung Ende April aus Dornstadt, nicht ohne vorher einen Teil der Gebäude und das Flugfeld unbrauchbar zu machen. Noch im gleichen Monat nimmt die US-Armee das Gelände in Beschlag.

DAS NACHLEBEN Die Amerikaner bleiben für einige Monate, da sie sich jedoch nicht dauerhaft hier niederlassen wollen, stellt sich die Frage nach der zukünftigen Nutzung des ehemaligen Flugplatzes. Ein Teil soll – nach bewährtem Muster – wieder in landwirtschaftliche Flächen umgewandelt werden. In die Gebäude ziehen vorerst einige Flüchtlinge, dann gut fünfhundert jüdische Kinder ein. Die Amerikaner haben immer noch die Oberaufsicht und nach dem Auszug der Kinder übergeben sie das gesamte Areal der evangelischen Inneren Mission, die hier eine Unterkunft für sogenannte *Displaced Persons* einrichtet. Dabei handelt es sich hauptsächlich um Vertriebene aus Osteuropa, vorwiegend der Sowjetunion, deren Leben dort aufgrund ihrer antikommunistischen Haltung gefährdet wäre. Die Palette reicht von altadeligen Offizieren der Zarenzeit bis hin zu Kollaborateuren der Wlassow-Armee, aber auch aus ethnischen Gründen Verfolgten. Die einstigen Kasernen- und Flugplatzgebäude verwandeln sich in Wohnungen und Altersheime und bilden ein kleines Refugium für sich, der ursprünglich militärische Charakter verschwindet langsam, etwa durch den Abriss der Flughallen oder den Bau von Kirchen für die verschiedenen Konfessionen. Mit der Übernahme durch die evangelische Heimstiftung, nachdem nur noch wenige osteuropäische Bewohner übrig geblieben waren, kommen Ausbildungsstätten für Pflege und später ein Hospiz dazu. Heute präsentiert sich das Gelände als Gemisch aus Neubauten und den kaum noch als solchen zu erkennenden Überresten der Fliegerhorst-Zeit, wobei viele Gebäude einen eher zweifelhaften Zustand aufweisen, manches ist ungenutzt und steht leer. Der am Rande des Geländes angelegte Friedhof für die früheren Heimbewohner, geprägt von orthodoxen Grabmälern, atmet ebenfalls den Hauch des Verfalls, ein stiller Ort auf einem Areal, das nur noch wenig auf seine unfriedliche Herkunft hinweist.

Das besondere Erlebnis

Nicht nur für die Militärgeschichte bedeutend war der Sieg der französischen Armee im östlich von Dornstadt gelegenen Oberelchingen. Dort, nahe der sehenswerten Klosterkirche der einstigen Reichsabtei, schlug der napoleonische Marschall Ney am 14. Oktober 1805 eine 8000 Mann umfassende Abteilung der in und um Ulm einquartierten österreichischen Truppen in einem von mehreren Gefechten der Region. Die Niederlage der Habsburger führte am nächsten Tag zur letztlich erfolgreichen Belagerung von Ulm. Marschall Ney erhielt den kurzlebigen Titel des Herzogs von Elchingen. Napoleon zog weiter nach Austerlitz.

Das Eingangstor ist wie der gesamte Friedhof etwas vernachlässigt.

5

SIE SIND DANN MAL WEG

Die Wüstungen Ehestetten und Alt-Fridingen

Die Schicksale sind unterschiedlich, das Ergebnis ist dasselbe: Waren es einst lebendige Siedlungen, so sind von dem Dorf Ehestetten nur ein paar Häuser geblieben, von der Stadt Alt-Fridingen ist gar nichts mehr übrig. Besonders letztere gibt allerhand Rätsel auf.

Ehestetter Hof (Stadt Albstadt), Zollernalbkreis (BL) **Ort** Ehestetter Hof 6, 72458 Albstadt **GPS** 48.196719, 9.051308 **Anfahrt** Mit dem Zug zum Bahnhof Albstadt-Ebingen (RE Sigmaringen–Stuttgart, RB Sigmaringen–Tübingen). Mit dem Auto über A81, Ausfahrt Rottweil

Alt-Fridingen (Stadt Fridingen), Landkreis Tuttlingen (TUT) **Ort** Nahe Str. Maria-Hilf, 78567 Fridingen an der Donau **GPS** 48.030083, 8.918482 **Anfahrt** Mit dem Zug zum Bahnhof Fridingen (RE Donaueschingen–Ulm, RB Tuttlingen–Sigmaringen). Mit dem Auto über A81, Ausfahrt Tuningen

Hätten Sie es erkannt?
Das war einmal eine gar nicht so unbedeutende Kirche.

EHESTETTEN Die Kirche soll man bekanntlich im Dorf lassen, und dies dachten sich wohl auch die Bewohner Ehestettens, als sie den Ort verließen. Zurückblieb nur das Gotteshaus, die Unterkunft des Pfarrers und eine Mühle. Wann genau sich allerdings die restlichen Ehestettener entschlossen, ihre Häuser aufzugeben und in die nahe Stadt Ebingen zu ziehen, ist nicht wirklich bekannt – genauso wenig wie der Grund. Denn an sich war hier kein schlechter Platz zum Wohnen. Jedenfalls schienen das andere Menschen so zu sehen – und zwar seit Jahrtausenden. Beim heutigen Ehestetter Hof wurde ein Beil aus der Steinzeit gefunden und in unmittelbarer Nähe fanden sich verschiedene Grabhügel aus dem Jahrtausend vor Christus. Und dann ist da ja noch die »Alte Stadt« zwischen den Höfen und dem Wald, Reste einer Umwallung, die den Forschern bis heute Rätsel aufgibt. Geht sie auf keltische Zeiten zurück oder ist sie der abgebrochene Versuch einer Stadtgründung? Oder gehört sie zu den Überresten einer Burg, die in oder bei Ehestetten existiert haben muss? Denn erstens kennen wir dort ansässige niedere Adlige – die von Ehestetten – und zweitens wird in einem Bericht über die Schenkung des Dorfes 1094 an das Kloster St. Georgen im Schwarzwald erwähnt, dass die neuen Besitzer die dort vorhandene Burg abgebrochen hätten. In jenen Tagen war Ehestetten aber in jedem Fall noch ein komplettes Dorf, zwar nun ohne Burg, aber mit einer sehr alten Kirche, St. Stefan, Sitz einer eigenen Pfarrei, folglich keineswegs unbedeutend. Wie lange Dorf und Kirche bereits existierten, ist unklar, manche datieren die Anfänge bis ins 7. Jahrhundert zurück, gesichert ist jedoch, dass 1394 dort so gut wie niemand mehr wohnte: Bei einer Steuererhebung waren die Einnahmen gleich null. Nur der – von Abgaben befreite – Pfarrer dürfte noch vor Ort gewesen sein. Seine Schäfchen waren, wie erwähnt, der Verlockung der Stadt erlegen und hinüber nach Ebingen abgewandert. Über die Gründe kann nur spekuliert werden: Die große Pestwelle zur Mitte des Jahrhunderts mag ihren Beitrag geleistet haben, hauptsächlich aber schienen wohl Leben und Verdienstmöglichkeiten in der Stadt attraktiver. Hier folgten die Ehestettener einem typischen Trend jener Tage. Konsequenterweise kauften die Ebinger 1453 schließlich das ›Dorf‹ Ehestetten, das wohl nur noch aus dem einsam in seinem Pfarrhaus sitzenden Geistlichen, der Kirche und einer Mühle bestanden haben dürfte. Mit Einführung der Reformation verschwand dann auch die Pfarrei – nicht aber die Kirche. Die wurde zur Scheune umgebaut. Und als solche existiert sie noch immer, wobei ihre bis in die Zeit der Romanik zurückgehende Vergangenheit ihr jedoch kaum mehr anzusehen ist. Ehestetten, nun als Ehestetter Hof, erhielt später wieder etwas Zuwachs, die wenigen Häuser rund um das profanierte Kirchengebäude bilden heute

Alt-Fridingen: Kunstwerk aus (späteren) Überresten

Ehestetten: Von dieser Seite wirkt die frühere Kirche noch mehr wie der Stall, zu dem sie wurde.

einen Weiler im Tal der Schmiecha, an den sich das wachsende Ebingen immer näher herantastet.

ALT-FRIDINGEN Im an Postkartenmotiven nicht armen Donautal wäre Alt-Fridingen sicher ein Highlight: Eine turmbewehrte Stadt auf einem Bergsporn gut 150 Meter über dem Fluss. Doch wer sich heute mit der Bahn, dem Pkw oder Rad durch die Landschaft schlängelt, sieht dort oben nichts außer einem bewaldeten Hügel mit den charakteristischen schroffen Felswänden an der Westseite. Mehr Spuren weist das Plateau auf dem Bergsporn selbst auf. Deutlich ist ein langer Wall auf der Ostseite erkennbar, mit einer Öffnung, die noch immer den ursprünglichen Eingang markiert, versehen mit einem etwas vernachlässigten älteren Gedenkstein. Zahlreiche Gruben, oft in Anlehnung an die Umwallung, weisen auf frühere Gebäude hin, insgesamt wurden – bislang – ein gutes Dutzend solcher Überreste von Bauten gezählt. Während sich die Mauer im Osten gut 150 Meter entlangzog, war die gegenüberliegende Seite offensichtlich unbewehrt, die senkrechten Steilwände waren Schutz genug. Im Nordwesten dagegen finden sich die einzigen noch immer aufragenden Mäuerchen – übermoost und halb verfallen. Allgemein vermutet wird, dass sie vor ziemlich genau siebenhundert Jahren letztmals ihren Dienst zu verrichten hatten, seitdem bröselten sie vor sich hin. Leider ist dies eine der wenigen halbwegs gesicherten Fakten über die verschwundene Siedlung auf dem Donauberg, ansonsten wird viel gerätselt über Geschichte, Zweck und Bedeutung dieser Anlage. Denn bisher fand keine umfassende archäologische Untersuchung des Geländes statt und die schriftlichen Zeugnisse sind mehr als dürftig. Und so gibt es gleich mehrere abweichende Erklärungen, die meist nur auf das Ende hin übereinstimmen, nämlich der Aufgabe durch die Bewohner wohl um 1330. Eine prominente Theorie besagt, dass die Grafen von Hohenberg, damals eines der wichtigsten und aufstrebenden Adelsgeschlechter der Region, denen das Dörfchen Fridingen mit seiner alten Pfarrkirche unten im Tal gehörte, Mitte des 13. Jahrhunderts eine Burg mit einer Siedlung oben auf dem Berg errichteten. Diese war gut geschützt und sollte als Gegenstück zum benachbarten Mühlheim dienen, das damals noch im Besitz der Hohenzollern war, mit denen man zu jener Zeit im Clinch lag. Als der Streit einige Jahrzehnte später beigelegt war, und, weil sich die Versorgung der Mini-Stadt als mühsam herausgestellt hatte, gab man sie jedoch bald wieder auf. Ein neuer Ansitz wurde zurück ins Dorf ver-

Alt-Fridingen: Selbst der Gedenkstein an die Stadt hat die besten Zeiten hinter sich.

Alt-Fridingen: Bemooste Grundmauern weisen auf einstige Gebäude hin.

legt, welches die Hohenberger in der Folge zur Stadt ausbauten. Noch einige Zeit tauchte das »Alte Fridingen« in Urkunden auf, war aber schon ein verlassenes gescheitertes Projekt. Andere Stimmen bezweifeln diese Version und gehen von einem älteren Gründungsdatum aus, womöglich gar schon im 11. Jahrhundert, manche sehen in den Ruinen gar keine Stadt, sondern nur eine – dann aber reichlich überdimensionierte – Burg. Dass eine solche dort oben in jedem Fall mit vorhanden war, wird weniger in Zweifel gezogen – ihr Standort innerhalb der Anlage dagegen ist wiederum umstritten. Alt-Fridingen bleibt also ein reichlich mysteriöser Ort, der siebenhundert Jahre nach seinem vermuteten Ende zu allerhand Spekulationen einlädt.

Das besondere Erlebnis

Südlich von Herbrechtingen, idyllisch an den Ufern der Brenz gelegen, befindet sich der Fischerfelsen. Kaum noch erkennbar ist, dass er einst eine – sicher größenmäßig überschaubare – Turmburg trug, die 1171 erstmals erwähnt, aber auch bald wieder aufgegeben wurde. Länger als Burg Bindstein hielt sich das dazugehörige Dörfchen gleichen Namens rund um den Felsen. Ihm verdankt er auch seinen jetzigen Namen, denn das letzte Gebäude, das erst Mitte des 20. Jahrhunderts verlassen wurde, war eine Fischerhütte, die seither ebenfalls spurlos verschwand. So erinnert heute nur noch am gegenüberliegenden Ufer die Bindsteinmühle an die Burg und deren kleines Dorf.

Der winzige Bahnhof Haid besaß große Laderampen für das schwere Gerät der Armeen.

6

ZÜNDSTOFF AUF DER ALB

Die Muna Haid und das Lager Golf

Eine dünnbesiedelte Region der Alb erschien den Nazis geeignet, um dort eine riesige Munitionsanstalt zu errichten. Im Kalten Krieg zog dann ein weiteres Lager gleich in die Nachbarschaft. Untergebracht waren dort – Atomwaffen. Beides sorgte für Probleme und Ärger.

Engstingen und Hohenstein, Landkreis Reutlingen (RT)
Ort Graf-von-Moltke-Platz 4, 72829 Engstingen (Muna Haid), Lager Golf, 72531 Hohenstein
GPS 48.361991, 9.265683 (Muna Haid), 48.350976, 9.282581 (Lager Golf)
Anfahrt Mit dem Zug zum Bahnhof Haidkapelle (RB Gammertingen–Münsingen–Schelklingen). Mit dem Auto über A81, Ausfahrt Rottenburg

EXPLOSIVES ERBE Im August 1939 war der Chef höchstpersönlich vor Ort. Man darf vermuten, dass Hermann Göring der Besuch der Luftwaffenmunitionsanstalt Haid bei Engstingen weniger reizte als die Aussicht auf ausgedehnte Jagdaktivitäten in den Wäldern der Umgebung. Der Parteiobere hatte schließlich nicht nur einen Hang zu kuriosen Uniformen, sondern auch zur Ansammlung nicht minder seltsamer Titel und Ämter – und so war er auch »Reichsjägermeister«. Der offizielle, noch dazu geheime Teil seiner Visite auf der Haid, fiel dementsprechend knapp aus, selbst kurz vor Kriegsbeginn. Im Jahr zuvor hatte die Gemeinde Großengstingen die Nachricht erreicht, dass sie ihren Gemeindewald für militärische Zwecke zur Verfügung zu stellen habe – wenn nicht freiwillig, drohe die Enteignung. Auf gut 140 Hektar entsteht eine Munitionsanstalt (Muna), ein gut getarntes Areal, auf dem Bomben und größere Geschosse aller Art zusammengebaut und gelagert werden. 76 Bunker stehen zur Verfügung, dazu sogenannte Freilagerplätze, weitere Lagerhäuser, Unterkünfte, ein Kasino und ein Verwaltungsgebäude im Stil eines ländlichen Gutshofes. Baracken für ein Zwangsarbeiterlager kommen noch hinzu, da auch Kriegsgefangene zu Arbeiten eingesetzt werden. Sogar ein Bähnchen wird eingerichtet, das von der nahen Strecke in die Muna führt. Unter der Aufsicht von nur drei Offizieren sind durchschnittlich um die vierhundert Menschen auf der Haid beschäftigt, neben Soldaten und Gefangenen auch einige Männer und Frauen aus der Region, die zu absoluter Geheimhaltung verpflichtet sind. Die Tarnung hält lange stand, erst im Frühjahr 1945 fällt alliierten Fliegern der seltsame Gutshof in der Albeinsamkeit auf. Das hat Folgen: Am 8. und 9. April kommt es zu zwei massiven Luftangriffen auf die Muna, die dabei größtenteils zerstört wird. Den Rest erledigen kurz darauf die deutschen Soldaten selbst: Bei der Räumung sprengen sie die Überreste, womit die eintreffenden Amerikaner Ende April nur noch ein Trümmerfeld vorfinden.

WAR DA WAS? Schon im Monat darauf übernehmen die Franzosen das Areal, ein buchstäblich vermintes Gelände. Überall, auf der gesamten riesigen Fläche, auf und unter dem Boden, liegt Munition herum. Bergungstrupps, professionelle oder laienhafte, werden zur Räumung rekrutiert, eine äußerst gefährliche Sisyphusarbeit, da es immer wieder zu Unglücken und Unfällen kommt. 1948 gibt die französische Armee das Terrain ab und die Frage der Weiternutzung steht im Raum. Der Pseudogutshof wird restauriert, eine Lungenheilstätte zieht 1950 ein und wird 1953 von einem sogenannten Durchgangslager für Ostflüchtlinge abgelöst. Dessen Ende zeichnet sich ab, als rundherum bereits Neubauten für eine Kaserne entstehen. 1958 wird die Unterkunft der noch jungen Bundeswehr offiziell in Dienst gestellt und Mitte der 1960er-Jahre ändert sich nicht nur ihr Name in Eberhard-Finckh-Kaserne nach einem Offizier des militärischen Widerstands des 20. Juli 1944, sondern es zieht auch das Raketenbataillon 250 ein. Das hat eine ganz besondere Aufgabe. Nebenan, im Wald auf der Meidelstetter Gemarkung, von außen nicht sichtbar, entsteht erneut ein Munitionslager, genauer: das Sondermunitionslager Golf. Oder sogar noch exakter: zwei davon, Lager »J« und Lager »K«. Das erste ist ein Hochsicherheitstrakt unter strenger Aufsicht der US-Amerikaner, letzteres untersteht der Bundeswehr, die dort Munition und Raketenbestandteile aufbewahrt. In den J-Bereich hingegen lassen die Amerikaner in aufwendigen Konvois Sprengköpfe transportieren, später nutzt man hierzu Hubschrauber. Im Inneren des abgeriegelten Bezirks finden sich Wachgebäude und -türme, kleinere Werkstätten, eine Heizungszentrale sowie ein großes Notstromaggregat. Und natürlich Bunker für die Lagerung der Sprengköpfe. Zwar ist die Bundeswehr für die Bewachung der Gesamtanlage und die Bereitstellung der Raketen als sogenannte *host nation* (Gastgebernation) zuständig, in den innersten Zirkel wird aber auch sie nicht vorgelassen. Lagern dort Atomwaffen? Offiziell bestätigt das niemand. Selbst nach der Aufgabe des Lagers Golf Anfang der 1990er-Jahre hüllen sich die US-Amerikaner darüber in Schweigen. Erst die Bundeswehr räumt dies später ein.

Der Zutritt bzw. die Zufahrt ist weiterhin unerwünscht.

SKANDAL IM SPERRBEZIRK – Noch ist es aber längst nicht soweit. Obwohl natürlich allen, Militärs und Zivilisten, klar ist, dass der ganze Aufwand vermutlich eher nicht nur für übliche konventionelle Waffen betrieben werden dürfte. Mit den 1970er-Jahren wird dieser noch einmal verstärkt, die Vorgesetzten und die Wachmannschaften werden nervöser, gefürchtet wird unter anderem der Terror der RAF. Wer sich dem Gelände nähert, gerät schnell in Bedrängnis, selbst harmlose Waldarbeiter werden kurzzeitig festgenommen. Doch ganz so paranoid ist das Misstrauen der Armee nicht. Allerdings kommt die Gefahr unter anderem aus dem Inneren: Für bundesweite Schlagzeilen sorgt ein Wachsoldat, der 1976 bei der Ablösung ausrastet und einen Vorgesetzten mit ganzen zwanzig Schuss tötet. Aber auch der Kalte Krieg liefert Material für Geschichten, wenn auch weniger in James-Bond-, sondern fast schon in lächerlicher Manier: Vier zivil getarnte Militärspione der Sowjetunion schleichen sich an den Zaun des Lagers Golf heran, rasen jedoch, als sie sich ertappt glauben, in ihrem PKW davon, um prompt einen Unfall zu bauen. Sie werden festgenommen.

Die ehemalige Kaserne in klassisch trostlosem Bundeswehr-Design

Festnahmen en masse, aber von meist nur kurzer Dauer gibt es dann mit Beginn der 1980er-Jahre, als die Friedensbewegung das Lager ins Visier nimmt. Es zählt zu den prominentesten Demonstrations-Orten in Baden-Württemberg, Ostermärsche und Straßenblockaden werden Routine, alles läuft gewaltfrei und ganz ›zivil‹ ab. Auf und davon, ganz stillschweigend, sind dann 1991 die Amerikaner und 1993, ordentlich verabschiedet, auch die Bundeswehr, sowohl das Lager Golf als auch die Eberhard-Finckh-Kaserne gehören der Vergangenheit an. Auf ihrem Gelände entsteht durch Zusammenschluss der drei Nachbargemeinden ein Gewerbepark, die Bunker des Lagers K werden an privat vermietet. Lager J ist dagegen wieder gut gesichert. Aufbewahrt wird dort: Sprengstoff. Nun im Auftrag einer Firma. Seit den Tagen der Muna hat die Haid dieses Thema also nie mehr verlassen. Und auch so manche unschöne Hinterlassenschaft jener allerersten Tage befindet sich noch immer unter der Erde. Das Verlassen der Wege ist deshalb in einigen Bereichen aus guten Gründen noch immer streng untersagt.

Das besondere Erlebnis

Das Bahngleis bei der Haid sieht für manchen wohl ebenfalls wie stillgelegt aus. An der Strecke stehen noch viele Telegrafenmasten, zwischendurch fehlen ein paar, andere sind krumm. Aber tatsächlich fährt hier, aufgrund der vielen unbeschrankten Übergänge in gemütlichem Tempo und unter mehrfacher Verwendung der tönenden Signalpfeife, ganz regelmäßig nach Plan die Schwäbische-Alb-Bahn. Die Fahrt in den Zügen in Form von nahezu historischen – natürlich restaurierten – langen Schienenbussen ist ein herrlich entspanntes Erlebnis in einem 1970er-Jahre-Flair durch die Alblandschaft (siehe auch Einleitung dieses Buches).

7

AUFSTIEG UND FALL DES RÖMISCHEN MUSEUMS

Das Römermuseum Mengen-Ennetach

Feierliche Eröffnung 2001, mehrfach preisgekrönt, 2015 überraschend geschlossen. Das ist die sehr kurze Geschichte des Museums in Ennetach, die mit einem Eklat endete.

Ennetach (Stadt Mengen), Landkreis Sigmaringen (SIG) **Ort** Kastellstr. 52, 88512 Mengen **GPS** 48.052479, 9.318306 **Anfahrt** Mit dem Zug zum Bahnhof Mengen (RB Aulendorf-Sigmaringen, RE Donaueschingen-Ulm). Mit dem Auto über A7, Ausfahrt Berkheim

Auf dem Vorplatz wirkt das Museum noch wie täglich geöffnet.

SPÄTRÖMISCHE DEKADENZ? »Parken Sie Ihren Sportwagen zwischen Küche und Wohnzimmer des Museums« Klingt seltsam? So aber lautet das Angebot der Maklerfirma, die eines der auffälligsten Anwesen im Ortsteil Ennetach der Stadt Mengen verkaufen möchte. Hätte es einst schon Sportwagen gegeben, manch römischer Senator hätte vielleicht zugegriffen. Ungewöhnliches zu präsentieren, um Freunde und Anhänger zu beeindrucken, war schließlich Teil des Alltags für die gehobene Schicht. Das galt selbstverständlich für die Hauptstadt, weit im Norden, buchstäblich in der »Provinz«, war das Leben doch etwas bescheidener. Im Jahr 15 v. Chr., es regierte Kaiser Augustus, hatten die Römer das Alpenvorland erobert. Als Grenze etablierte sich vorerst das natürliche Hindernis der Donau. Im Jahr 16 wurde offiziell eine Provinz, Raetien, eingerichtet, die ab den 30er-Jahren an der Nordgrenze von einer Kette an Kastellen geschützt wurde. Ein solches befand sich auch in Ennetach, auf dem sogenannten Berg. Vermutet hatten die Forscher dies schon seit Langem, immer wieder gab es Stimmen, die den Zusammenfluss von Ablach und Donau mit Übergang über letztere als günstigen Standort bezeichneten, doch der endgültige Nachweis gelang erst 1997 durch modernste Untersuchungsmethoden. Anschließend erfolgte eine Ausgrabung, die zusätzliche Beweise und Fundstücke lieferte. Seitdem wissen wir einiges mehr, umgekehrt haben sich neue Rätsel aufgetan. Das Kastell hatte eine eher kleine Größe von 1,4 Hektar und schien nicht die typische Rechteckform zu besitzen – was aber auch an späterer Erosion liegen könnte. Spannend waren auch die zahlreichen Kleinfunde, die einiges über die hier residierenden Soldaten verrieten. So waren sowohl Bogenschützen als auch Reiter in Ennetach, klassische Auxiliar-, sprich Hilfstruppen, stationiert, dazu jedoch wohl auch ›echte‹ Legionäre. Die Hilfstruppen waren Spezialabteilungen, oft aus fernen Provinzen des Vielvölkerstaates Rom. Die römischen Legionäre dürften zu einer *vexillatio* gehört haben, einer Abordnung aus einem Legionslager, die kurzzeitig für besondere Aufgaben sozusagen ausgeliehen wurde.

FREUDE ÜBER DAS MUSEUM Um das Jahr 80 wurde das Ennetacher Lager aufgegeben, die Grenze verschob sich nach Norden. Mit ihm verschwand auch das sich bei jedem Kastell bildende Dorf, der *vicus*, wo sich die Familien der Soldaten sowie Handwerker und Wirte niederließen, die sich nach den Bedürfnissen des Militärs ausrichteten. Die Lage am Donau-Übergang war jedoch weiterhin so attraktiv, dass sich in unmittelbarer Nähe wieder ein römisches Dorf ansiedelte, das bis zur Aufgabe dieses Teils der Provinz Raetien in der zweiten Hälfte des 3. Jahrhunderts bestand. All dies garantierte Jahrhunderte später zahlreiche Funde, kamen doch noch römische Gutshöfe (*villa rustica*), aber auch Spuren steinzeitlicher Niederlassungen sowie keltische Hinterlassenschaften in der Umgebung hinzu. Mit der Auffindung des Kastell-Standortes kam somit die Idee auf, in Ennetach ein Museum mit dem Schwerpunkt Römerzeit entstehen zu lassen. Das passte in den Trend, denn 1991 wurde von der EU ein Kulturprogramm ins Leben gerufen, »LEADER« genannt, welches den strukturschwachen Raum fördern sollte. Neben einigen anderen profitierten hiervon in Oberschwaben auch das Federseemuseum in Bad Buchau, die Bachritterburg in Kanzach, die Heuneburg (siehe besonderes Erlebnis) und das neu zu gründende Römermuseum in Ennetach. Alle diese Projekte ernteten viel Lob und ohne Zweifel war das Vorhaben in Ennetach ambitioniert, da es den aktuellsten Ansprüchen an die Museumspädagogik entsprach, wo es längst nicht mehr darum ging, möglichst alles, was man hat, mit Schildchen versehen in Vitrinen auszustellen. Schon der Bau mitten im Ort war ein echter Hingucker: Eine Kombination aus einer alten renovierten Scheune und einem zeitgenössischen Glasbau. Die Dauerausstellung war fachgerecht aufbereitet, übersichtlich und mit vielen Mitmachmöglichkeiten gestaltet. Sonderausstellungen fanden regelmäßig statt, ein archäologischer Rundweg ergänzte das Angebot. Wenig verwunderlich heimste das Ennetacher Museum nach der Eröffnung 2001 gleich mehrere Preise ein, u. a. den Archäologie-Preis des Landes Baden-Württemberg. Eine Attraktion war geschaffen worden.

DER UNTERGANG … des Römischen Reiches ging schleichend und zäh über Jahrhunderte vor sich, der des Römermuseums Mengen-Ennetach ziemlich abrupt. In einer Stadtratssitzung am 12. Dezember 2015 beschloss das Gremium die komplette Schließung zum Jahresende. Dies kam für Außenstehende reichlich überraschend – und sorgte weniger überraschend für böses Blut. Denn das unverhoffte Ende fiel mit dem Auslaufen der Frist zusammen, die einst die stattlichen Fördergelder beschert hatte. Auf die teils heftige Kritik reagierte die Stadt Mengen als Träger mit den nackten Zahlen, auch wenn diese je nach Auskunftsgebendem variierten: Mal stand nur 3000 bis 4000 Besuchern ein Defizit von 500 000 Euro gegenüber, mal 5000 Besuchern 200 000 Euro. Doch die Tendenz war natürlich dieselbe: Zu wenige Besucher, zu viele Kosten. Und auch das Museumsrestaurant, wo sogar original antike Küche angeboten worden war, hatte seit einiger Zeit keinen Pächter mehr. Etwas trotzig ließen die Stadtoberen zudem verlauten, vor Ort habe die Schließung niemanden groß aufgeregt. So ganz richtig war das nicht, der Beirat, der sich um die Aktualität und Konzepte des Museums gekümmert und bereits Ideen zur Verbesserung der Situation erarbeitet hatte, war mindestens ähnlich enttäuscht wie Museumsverbände und manch andere übergeordnete Stelle, die ihre Fördergelder, vorsichtig ausgedrückt, nicht unbedingt in der gewünschten Weise eingesetzt sah. An der Schließung des Museums änderte dies nichts mehr. Und damit sind wir wieder beim Sportwagen. Eine bundesweit aktive Maklerfirma für ein Publikum mit eher gehobenen Preisvorstellungen bietet das Museum inzwischen zum Kauf an – als Wohnobjekt. Selbst einige im Inneren belassene Ausstellungswände gelten als zusätzliche Attraktion. Immerhin, somit dürfte das Römermuseum in Ennetach der vielleicht bestgepflegte Lost Place der Region sein. Gäbe es die Hinweisschilder nicht, könnte man sogar glauben, das Gebäude habe nur heute ausnahmsweise geschlossen. Falls Sie also ein paar Euro übrighaben und in einem ehemaligen Museum wohnen möchten, das Angebot steht noch immer im Internet.

Das besondere Erlebnis

Obwohl vermutlich noch bekannter als das Römermuseum Ennetach, drohte den Anlagen der Heuneburg nahe des benachbarten Herbertingen ein paralleles Schicksal. Die europaweit bedeutenden Hinterlassenschaften der Kelten, aufbereitet in einem Museum in Hundersingen und in einer Freiluftrekonstruktion an historischer Stätte – errichtet und gefördert zu gleicher Zeit wie das Ennetacher Museum – standen 2008 ebenfalls vor dem Aus. Die Gemeinde sah sich nicht mehr imstande, das defizitäre Projekt weiter zu finanzieren. Anders als in Ennetach aber wurden beide Institutionen gerettet. Der Gemeinde verblieb das Museum, die Heuneburg selbst übernahm das Land. Sie hat sich zum Besuchermagneten entwickelt und gilt inzwischen als Kandidat für das UNESCO-Welterbe.

Kein Grabstein für das geschlossene Museum, sondern ein Originalfund am zum Glück noch vorhandenen Erlebnisweg im Ort.

Kreuze markieren die Stellen früherer Gebäude auf dem Fürstenberg.

8

VOM UNTERGANG EINER STADT

Fürstenberg

Sie war klein, aber wichtig und nicht zu übersehen: In der Bergstadt Fürstenberg residierte lange das gleichnamige Geschlecht. Doch an einem einzigen Tag des Jahres 1841 verschwand sie für immer.

Fürstenberg (Stadt Hüfingen), Schwarzwald-Baar-Kreis (VS) **Ort** Fürstenberg, 78183 Hüfingen **GPS** 47.890800, 8.560200 **Anfahrt** Mit dem Zug zum Bahnhof Hüfingen (S-Bahn Villingen–Freiburg/Breisgau). Mit dem Auto über A81, Ausfahrt Geisingen

LEBEN AUF DEM BERG »Es sind aber die Fürstenberger so halsstarrige Leut, die ließen sich ehnder in den Thurn oder die blöcke schließen, ehe sie den geringsten Frohndienst, auch in höchster Not gn. Herrschaft hätten verrichten, allain damit sie ihre privilegien, die sie nit probieren [belegen] können, nit verlieren.« So die Beschwerde eines Landschreibers aus dem Jahre 1670 über die Stadtbewohner. Diese taten recht gut daran, auf ihren Privilegien zu beharren – denn das Leben oben auf »dem vordersten Berg«, der sich sprachlich zum Fürstenberg wandelte und dem dort ansässigen Geschlecht später den Namen gab, war verbunden mit Rechten, aber auch mit nicht wenig Beschwerlichkeiten. Dennoch verlockte die exponierte Lage dieser Erhöhung an der Grenze zwischen Schwäbischer Alb (zu der sie geologisch gehört) und Südschwarzwald (zu dem sie touristisch meist gezählt wird) schon seit den frühesten Zeiten zur Besiedelung. Funde aus der Jungsteinzeit um 5000 v. Chr. weisen auf erste Bewohner hin, wobei in der Hallstattzeit (um 800–500 v. Chr.) wohl eine nicht unbedeutende frühkeltische Festung entstand, deren Wälle später noch von der Stadt mitgenutzt werden konnten. Die Römer bezogen ebenfalls Position auf dem Berg, allerdings ist noch unklar, ob zu militärischen (Wachturm) oder religiösen (Tempel) Zwecken. Dann wurde es ruhiger um den Fürstenberg, bis er 1175 in den Auseinandersetzungen zwischen Zollern und Zähringern wieder ins urkundliche Licht trat, nun als Träger einer Burg. Diese ging nach Aussterben der Zähringer an die Grafen von Urach über, die sich nach einer Erbteilung fortan nach ihrem Ansitz über der Baar benannten: von Fürstenberg.

VOR DEM LETZTEN TAG Zur Burg gehörte bald eine Ansiedlung, 1278 erstmals erwähnt, die das komplette Plateau mit einer Mauer umfasste, die wiederum nur einen Einlass in Form eines gut befestigten Tors hatte. Fürstenberg-Stadt war nicht nur durch ihre Lage etwas Besonderes. Als Sitz der Herrschaft und somit Residenz wurde sie zu Beginn vor allem von Höflingen des niederen Adels bewohnt und hatte eher Festungscharakter. Für die umliegenden Ortschaften war sie der Fluchtpunkt im Kriegsfall – was ihr die erwähnten strittigen Privilegien brachte. Die Bewohner selbst mussten keine Frondienste leisten, der Erhalt der Stadtmauer war unter anderem Aufgabe der davon profitierenden Dörfer rundherum. Einige weitere Rechte hatten die Fürstenberger, doch standen diesen zugleich mehrere Nachteile gegenüber: Es gab naturgemäß nicht

Der einzige verbliebene Grabstein auf dem Friedhof

viel Platz, weder für Einwohner – es waren nur um die 150 – noch für Äcker. Wasser war rar, nur Zisternen fingen Regen auf und ein Brunnenprojekt – dessen Reste noch erkennbar sind – aus dem 16. Jahrhundert war nur kurzzeitig ein Erfolg, ansonsten musste das Wasser mühsam von Quellen am Fuß des Berges mit Eseln hinauftransportiert werden. Und es gab weder Marktrechte noch Handel. Solange die Fürstenberger vor Ort in ihrer Burg residierten, war das alles wohl zu ertragen, doch zogen sich diese ab 1500 immer mehr aus der Stadt zurück. Ihre Burg verfiel, woran auch eine zwischenzeitliche Renovierung um 1620 nichts mehr änderte und kurz darauf erfolgte im Dreißigjährigen Krieg die endgültige Zerstörung der Gebäude. Mit dem Wegzug des Hofes und der Adeligen war das Leben dort oben mühsam, kein Wunder also, dass die Städter an ihren verbliebenen Begünstigungen festhielten. Der Niedergang war dadurch jedoch nur langsam zu bremsen. Schloss und Stadtmauer verfielen, auch die Bevölkerung schrumpfte vermutlich. Bedeutung hatte Fürstenberg hauptsächlich noch als Sitz einer Pfarrei.

DER BRAND Es war der 18. Juli 1841, der alles veränderte. Über die Ursache des Großbrandes existieren allerlei Versionen, am bekanntesten ist die eines Heuwagens, der durch Funkenflug aus einem Weihrauchfass während einer Beerdigung entzündet wurde. Es war ein heißer Sommer – und tatsächlich begann der Großbrand wohl in Friedhofsnähe. Einmal ausgebrochen, war er nicht mehr aufzuhalten – es gab vor Ort ja kaum Wasser. Alle Häuser bis auf eines mitsamt der Kirche brannten nieder, ein Kind starb, es gab einige Verletzte. Mensch und Tier flohen in die umliegenden Dörfer. Fürstenberg war eine Ruinenstätte. Auch das letzte Gebäude brannte später noch ab, die Überreste der Kirche, die man als Mahnmal bewahren wollte, waren so brüchig, dass auch sie abgetragen werden mussten. An einen Wiederaufbau dort oben dachte niemand. Fürstenberg erstand neu in günstigerer Lage am Hang des Berges als ein Dörfchen mit Stadtrechten. Die gingen zwischenzeitlich auch verloren, konnten aber 1956 wiedergewonnen werden – Fürstenberg ist damit eine der kleinsten Städte Deutschlands. Oben auf dem Berg verfielen und überwucherten die letzten Zeugen: Die Häuser sind heute als Schutthügel oder Dellen – die ehemaligen Keller – und die Stadtmauern noch als Gräben, Bodenwellen und kleinere Steinhäufen erkennbar. Ein einziger Grabstein des Friedhofes blieb erhalten, in der Mitte der Hochfläche steht ein Kreuz in Erinnerung an den Standort der Kirche. Die urig wirkende Augustinuskapelle, 1964 geweiht, markiert dagegen die Reste der Burg. Es ist also wenig geblieben von der einstigen stolzen Residenzstadt dort oben auf dem vordersten Berg.

Das besondere Erlebnis

Im nahen Pfohren steht die nicht nur aufgrund ihres Namens auffällige Entenburg, die angeblich von Kaiser Maximilian I. so getauft wurde, der hier nachweislich zu Besuch gewesen ist. Ob wirklich zur Entenjagd, muss ebenso offenbleiben wie die bislang ungeklärte Frage, ob die Form der abgekappten Ecktürme von Beginn an so gedacht war oder auf spätere Bauverluste zurückgeht. Ein weiterer Kaiser, der Karolinger Karl der Dicke, wird mit dem Gebäude in Verbindung gebracht: Dieser solle hier nach seinem angeblichen Tod durch Ertrinken in den umliegenden Sümpfen schwer schnaufend herum spuken. Tatsächlich starb er jedoch im benachbarten Neudingen (siehe 16).

Wirkt altertümlich und burgartig, ist aber die moderne Gedächtniskapelle.

9

ES LÄUFT NICHT WIE GESCHMIERT

Die Heubergbahn

Finanzkrisen, ein Weltkrieg und schwierige geologische Verhältnisse hatten den Bau der Heubergbahn lange verzögert. Spät kam sie doch noch, aber nur für kurze Zeit. Ihre Stilllegung nach kaum vierzig Jahren sorgte für böses Blut.

Gosheim, Landkreis Tuttlingen (TUT) **Ort** Autunnel, 78559 Gosheim **GPS** 48.129236, 8.766245 **Anfahrt** Mit dem Zug zum Bahnhof Aldingen (RB Blumberg–Tuttlingen–Rottweil). Mit dem Auto über A81, Ausfahrt Villingen-Schwenningen

Ein Viadukt steht im Walde, ganz still, steinern und stumm …

ALLER ANFANG IST SCHWER Die Eisenbahn war weit weg. Seit 1869 dampfte sie zwar von Rottweil nach Tuttlingen, also auch durch die für den Heuberg zuständige Oberamtsstadt Spaichingen, aber den Bewohnern dieses Gebietes, das traditionell zu den eher ärmeren des Königreiches Württemberg zählte, brachte dies wenig – außer der Idee, selbst um einen Anschluss an diese Bahnlinie zu bitten. Auf den Dörfern des Heubergs kam dieser Gedanke erstmals gegen Ende der 1880er-Jahre auf, konkreter wurde der Plan allerdings erst um die Jahrhundertwende, als der übliche Ablauf zur Beantragung eines Eisenbahnbaues begann: Gründung eines Komitees unter Beteiligung der interessierten Gemeinden, Stellen eines Gesuches bei den staatlichen Behörden sowie Beauftragung von Gutachten über die Wirtschaftlichkeit und technische Durchführbarkeit der Strecke. 1902 war es soweit, kräftig unterstützt von der Stadt Spaichingen und den Gemeinden Denkingen, Gosheim, Reichenbach, Egesheim, Nusplingen, Deilingen, Bubsheim, Obernheim und Königsheim, ging das Antichambrieren in Stuttgart los, wo die Begeisterung deutlicher geringer ausfiel, trotz guter Argumente, insbesondere, was die Stärkung der Wirtschaftskraft des Heubergs anging. Arbeiter könnten schneller nach Spaichingen und Rottweil gelangen – auch die Besucher der weiterführenden Schulen –, umgekehrt würden sich an der neuen Strecke sicher bald Fabriken ansiedeln. Die Regierung blieb zurückhaltend, mögliche Betreiber drängten sich ebenso wenig auf. Erst 1906 signalisierte die Württembergische Eisenbahngesellschaft Interesse, machte hierfür aber ziemlich einschneidende Auflagen. Die Gemeinden, die direkt von der Trassenführung betroffen waren, sollten den nötigen Grund kostenlos zur Verfügung stellen, bestimmte Folgekosten übernehmen und zudem hohe finanzielle Sicherheitsgarantien geben sowie in Vorleistung gehen. Für die wie erwähnt alles andere als vermögenden Orte eine schwere Belastung – die sie trotzdem auf sich nahmen. Immerhin: Stuttgart gab nun ebenfalls grünes Licht.

Und manchmal finden sich stellenweise auch nur noch ...

DU BIST RAUS! Theoretisch hätte nun mit dem Bau begonnen werden können. Von Spaichingen aus sollte die Linie über Denkingen hoch nach Gosheim, über Wehingen, Reichenbach, Egesheim bis Nusplingen führen. Dann kam Störfeuer aus Trossingen. Von dort wurde beantragt, die Strecke von der Musikstadt aus über Aldingen – unter Umgehung von Spaichingen – direkt weiterzuführen, dies sei kürzer und wirtschaftlicher. Dies sah das Eisenbahnkomitee wiederum anders, der Plan wurde abgelehnt, doch erneut war Zeit ins Land gegangen. Und es tat sich weiterhin nichts, die genaue Finanzierung musste ausgehandelt, Grundstücke gekauft, geologische Gutachten erstellt werden. Schließlich wurden vier Bauabschnitte, sogenannte Lose, ausgeschrieben: Von Spaichingen nach Denkingen (1), von Denkingen nach Gosheim (2), von Gosheim nach Reichenbach (3) und von Reichenbach nach Nusplingen (4). Dass erst am 30. Januar 1913 mit den Arbeiten begonnen werden konnte, erwies sich als fatal. Zwei große Schwierigkeiten stellten sich einem schnellen und kontinuierlichen Bau der Heubergbahn in den Weg: die politischen und die geologischen Verhältnisse. 1914 brach der Erste Weltkrieg aus, 1916 wurde die Arbeit an der Strecke komplett eingestellt, nur eine Rumpfmannschaft blieb vor Ort, um die bereits fertigen Abschnitte halbwegs instand zu halten. Zu Kriegsende hin wurden Gefangene zwangsverpflichtet, anschließend erfolgte wieder Stillstand, dann Wiederaufnahme 1919 und im Folgejahr übernahm die Reichsbahn den Bau bzw. dessen Stopp. Vorerst war kein Geld mehr da, es folgte die Inflation. Was mancher nicht mehr geglaubt hatte, geschah schließlich doch noch am 25. Mai 1928: Der erste Zug der Heubergbahn rollte aus dem Bahnhof Spaichingen. Er fuhr über und durch Bauwerke, die es so gar nicht hätte geben sollen. Aber der schwierige Untergrund insbesondere in Los 2 zwischen Denkingen und Gosheim hatte dafür gesorgt, dass statt Dämmen und Hangeinschnitten aufwendige Viadukte und ein Tunnel eingerichtet werden mussten. Vom »Millionenloch« vor Gosheim wurde gesprochen, obwohl man zur Kostenreduzierung teilweise alte Bestandteile anderer Bahnstrecken verwendet hatte. Und es gab noch ein weiteres Opfer: Los 4 wurde nie in Angriff genommen. Endstation war Reichenbach, die gut neun Kilometer bis Nusplingen entfielen. Für den Ort war das doppelt bitter: Einerseits hatte er bereits sehr viel – nun verlorenes – Geld investiert, zweitens entfiel damit auch ein bereits angedachtes Projekt einer zweiten Anbindung des Ortes durch Verlängerung nach Ebingen.

... von der Natur zurückeroberte vereinzelte Pfeiler.

ANGESCHMIERT Dennoch fuhr die Heubergbahn endlich, zwar auf verkürzter Strecke, aber diese wurde ob ihrer landschaftlichen Schönheit hochgelobt. Außerdem besaß man mit Gosheim nun einen der höchstgelegenen Bahnhöfe Württembergs auf 841 Meter Höhe. Die Prognosen der Anträge schienen auch einzutreffen: Arbeiter und Schüler nutzten die Bahn und nahmen dafür teils noch immer weite Wege aus ihren Dörfern zu den Haltestellen auf sich. Güter wurden transportiert, erste Industrien siedelten sich an. Auch der ein oder andere Tourist konnte angelockt werden. Doch die Reichs- bzw. Bundesbahn war nie so recht glücklich mit der Strecke. Schon sehr früh in der Nachkriegszeit meldete sie ihre Bedenken an: zu wenig Fahrgäste, zu wenig Rentabilität. Bereits ab 1954 wurde das Angebot ausge-

Die bunten Graffiti sieht man sich am besten mit Tunnelblick an.

dünnt, 1960 der Halt Harras-Obernheim abgeschafft und seither das Drängen der Behörde auf Stilllegung immer stärker. Die Gemeinden und der Landkreis hielten dagegen, allerdings vergeblich. Am 23. September 1966 sollte die letzte Bahn den Heuberg entlang rollen, ein Sonderzug mit Honoratioren. Es war alles andere als eine gemütliche Fahrt. Im Autunnel waren die Gleise mit Schmierseife präpariert, nur im Schneckentempo kam man vorwärts. Auf dem Viadukt bei Gosheim wartete eine größere Protestmenge als Spalier auf die Durchfahrenden. Doch all das nutzte nichts, auch die geharnischte Rede des Landrats konnte die Stilllegung nicht rückgängig machen. Als utopisch erwies sich zudem die Übernahme des Betriebs durch die Gemeinden selbst. Große Teile wurden bald abgebaut und teils zu Rad- und Wanderwegen umfunktioniert. Die Reste der großen Kunstbauten von Los 2, die Viadukte und der Autunnel, blieben – erstere als große Ruinen im Wald, letzterer als sanierter Wegdurchgang – jedoch gut sichtbar erhalten, als Symbole einer einst hart erkämpften und der Natur abgerungenen Eisenbahnstrecke.

Das besondere Erlebnis

Zwei Bahnhöfe der Strecke sind, wenn auch in anderer Funktion, noch immer für den Publikumsverkehr geöffnet und freuen sich über Gäste: In Harras logiert im ehemaligen Bahnhofsgebäude (Schmelzestr. 12) die »Rumpelkiste«, ein gemütliches Speiselokal. Die ehemalige Endstation Reichenbach (Bahnhofstr. 31) gehört inzwischen dem örtlichen Sportverein Rot-Weiss, der dort ebenfalls neben den Aktivitäten für körperliche Fitness Speis und Trank anbietet.

Da ist schon längst keine Mühlenromantik mehr an der Bahnlinie.

10

ES KLAPPERT DIE MÜHLE

Ostrachmühle Hohentengen und Grabenmühle Mengen

Mühlen prägten einst die Flüsse der Region, die Wasserkraft von Donau und Co. wurde vorwiegend zum Mahlen des Getreides, zum Sägen oder Walken genutzt. Das 20. Jahrhundert stürzte die meisten von ihnen in die Krise.

Hohentengen, Landkreis Sigmaringen (SIG) **Ort** Ostrachmühle 1, 88367 Hohentengen **GPS** 48.059477, 9.385865 (Ostrachmühle) **Anfahrt** Mit dem Zug zum Bahnhof Herbertingen (RB Aulendorf-Sigmaringen, RE Donaueschingen-Ulm). Mit dem Auto über A7, Ausfahrt Berkheim

Mengen, Landkreis Sigmaringen (SIG) **Ort** Reischachstr. 11, 88512 Mengen **GPS** 48.050836, 9.329700 (Grabenmühle) **Anfahrt** Mit dem Zug zum Bahnhof Mengen (RB Aulendorf-Sigmaringen, RE Donaueschingen-Ulm). Mit dem Auto über A7, Ausfahrt Berkheim

IM GRABEN Auf dieses Alter durfte man richtig stolz sein: Im Jahr 1276 wurde die Grabenmühle bereits erwähnt – im gleichen Jahr, in dem Mengen zur Stadt erhoben wurde. Für die Mühle selbst war dieses Ereignis durchaus von Bedeutung, denn mit den neuen Stadtrechten ging ja auch die Erlaubnis zum Bau einer Befestigung einher. Und unmittelbar vor dieser, außerhalb der Ummauerung an der Nordostecke, befand sich die Mühle nun im Stadtgraben und kam so zu ihrem späteren Namen. Zuvor war sie als Martinsmühle, benannt nach der Kirche in der Nachbarschaft, und Herzogsmühle bekannt. Der habsburgische Herzog war nämlich für sie verantwortlich. Mühlen waren von enormer Bedeutung für die Versorgung der Bevölkerung, deshalb hielt sich der jeweilige Landesherr zumeist den Besitz vor und vergab das Nutzungsrecht als Lehen an einen Pächter. Das war für diesen einerseits eine sichere Sache, da die Bauern durch den sogenannten Bann verpflichtet waren, nur eine bestimmte Mühle zu nutzen, was dem Besitzer feste Einnahmen verschaffte, die er teilweise selbst festlegen konnte. Dieser Zwang zum Aufsuchen einer Mühle – es musste keineswegs die nächstgelegene sein – sorgte ebenso wie die Gebühren, die der Müller verlangte, nicht selten für ordentlichen Ärger. Was da so alles schieflaufen konnte, erfahren wir indirekt aus einer »Müllerordnung«, die von der Stadt Mengen im Jahr 1753 erlassen wurde. Verboten wurde unter anderem das Anlocken fremder »Mahlgäste« durch Werbung und Versprechungen, noch höher fielen die Strafen aus, wenn der Müller Teile des von seiner Kundschaft vorbeigebrachten Getreides für sich zurückbehielt. Verkäufe durfte der Müller nur in der Gret, dem Kornhaus, tätigen, nicht in der Mühle selbst. Umgekehrt aber sind auch immer wieder Urteile über Bauern bekannt, die regelwidrig eine andere als die ihnen zugewiesene Mühle besucht hatten. Diese Probleme beherrschten jahrhundertelang bis zur Aufhebung des Mühlenbanns Anfang des 19. Jahrhunderts das nicht sonderlich harmonische Verhältnis von Bauern und Müllern, obwohl – oder gerade weil – man aufeinander angewiesen war. Im Allgemeinen war das Ansehen der Müller deshalb nicht sonderlich hoch.

EINE STADTMÜHLE Von diesen typischen Zwistigkeiten abgesehen, die nicht spezifisch für Mengen, sondern überall aufgetreten sind, verlief das Dasein der Grabenmühle nicht sonderlich spektakulär. Seit der Frühen Neuzeit sind die meisten der vom Herzog belehnten Mühlenbesitzer namentlich bekannt, sie wechselten des Öfteren, mancher von ihnen hatte auch weitere Funktionen in der Stadt inne. Irgendwann gingen die Rechte an

Die zwei Brände haben der Ostrachmühle den Rest gegeben.

die Stadt über, doch die war nach den Kriegsereignissen des 17. und 18. Jahrhunderts finanziell am Boden, weshalb sie sich 1723 zu einem Verkauf der Grabenmühle an das Frauenkloster Ennetach entschloss. Dort kleckerte man nicht, ein teurer Umbau wurde sofort in Angriff genommen und ordentlich Geld in die erworbene Mühle gesteckt. Dummerweise hatte man jedoch vergessen, den Landesherrn – Österreich – um Erlaubnis zum Kauf zu fragen, der den Nonnen sofort eine saftige Strafe auferlegte. Diese wurde zwar im Nachhinein aufgrund eines Bittgesuchs wieder erlassen, übernommen hatten sich die frommen Frauen aber dennoch: 1743 erfolgte der Rückverkauf an die Stadt. Fortan befand sich die Grabenmühle im Besitz von Müllerdynastien, da es üblich geworden war, die Pacht an bewährte Familien von Generation zu Generation weiterzureichen. Im Graben saßen nun die Kehles, sie konnten die Mühle auch nach Ende der österreichischen Herrschaft in Privatbesitz übernehmen. 1813 war es die eingeheiratete Familie Trippel, die den Betrieb weiterführte. Ihr Start war buchstäblich katastrophal: 1814 brannte die Grabenmühle komplett ab. Doch der Wiederaufbau in den heute noch vorhandenen stattlichen spätbarocken Formen wurde sofort in die Wege geleitet, es folgten Modernisierungen und schließlich die Aufgabe des nicht mehr lohnenden Betriebs im Jahr 1980. Seither sucht die Stadt, inzwischen wieder einmal Besitzer des Gebäudes, nach einer adäquaten Nachnutzung. Das Umfeld wurde bereits verschönert, was eine Lösung umso dringlicher macht. Denn an sich birgt die Grabenmühle neben ihrem repräsentativen Aussehen und ihrer Lage einen weiteren Schatz: Die technische Innenausstattung ist noch komplett vorhanden.

Das Umfeld der Grabenmühle wurde bereits neu gestaltet.

DIE UNGLÜCKSMÜHLE Ganz anders verlaufen ist die Geschichte der Ostrachmühle, die nahe der Bahnlinie auf Hohentenger Gemeindegebiet am namengebenden Flüsschen und damit sehr einsam liegt. Entstanden war sie sehr spät, 1863, durch einen bekannten Namen: ein Mitglied der Mengener Familie Kehle. Diese hielt den Besitz der damals noch sogenannten Annamühle jedoch nicht allzu lange, 1878 kam es zum Verkauf an die Ennetacher Familie Sigmund. Doch nicht selten starben die Müller jung und das Geschäft wurde anschließend von ihren Witwen oder den Söhnen weitergeführt. Zwar wurde der Betrieb mehrfach vergrößert, auch um die notwendigen Anpassungen an den technischen Fortschritt sorgten sich die

↑ Für die leerstehende Grabenmühle steht die Renovierung noch aus ...
↗... bis dahin wacht die Heilige Jungfrau Maria über sie.

Besitzer, aber gleichwohl war kurz nach Ende des Zweiten Weltkriegs nach nicht einmal hundert Jahren Schluss: 1954 erfolgte die Aufgabe der Mühle, ganz im Trend der Zeit, der diesem alten Gewerbe nicht gewogen war. Nach dem Tod des letzten Besitzers passierte vor Ort überhaupt nichts mehr. Die Ostrachmühle entwickelt sich bereits sehr früh zum Lost Place, aber es kam noch schlimmer: 2003 brach ein Brand aus. Diesen bekam die Feuerwehr zwar noch in den Griff, aber im Winter 2005 folgte schon das nächste Großfeuer, das nur noch eine riesige Brandruine hinterließ. Und so ist es seither über all die Jahre geblieben. Gut sichtbar von der vorbeiführenden Bahnlinie oder der Bundesstraße B32 aus künden die angekokelten Reste der Ostrachmühle von ihrer unschönen jüngsten Vergangenheit und einer schon ziemlich lange Zeit ungewissen Zukunft.

Das besondere Erlebnis

Sozusagen zwischen Graben- und Ostrachmühle liegt der Flugplatz Mengen-Hohentengen. 1939 von der Luftwaffe angelegt, ging er nach 1945 erst an die französische Besatzungsmacht, 1957 an die Bundeswehr über. Diese errichtete ab 1960 in direkter Nachbarschaft die Oberschwaben-Kaserne, die vor allem der Ausbildung von Luftwaffenrekruten diente. Während der Flugplatz bereits 1978 in zivile Hände überging, verblieb die Kaserne bis 2012 bei der Armee, wurde sogar kurz vor der Schließung noch einmal saniert. Dadurch für Investoren attraktiv, schien die Zukunft als sogenannter Energiepark mit Forschungszentren für innovative Umwelttechnik gesichert. Doch dies zerschlug sich ebenso wie eine Nutzung als Polizeiausbildungsstätte. Neue Ideen werden weiterhin gesucht.

11

VOM SCHLÖSSCHEN ZUM SCHANDFLECK?

Das Untere Schloss in Immendingen

Aus einer Burg hervorgegangen, fällt das Schloss durch seine Lage auf – und durch seinen heutigen Zustand. Nach einer wechselvollen Geschichte sucht es noch immer nach einer besseren Zukunft.

Immendingen, Landkreis Tuttlingen (TUT) **Ort** Donaupark 13, 78194 Immendingen **GPS** 47.937903, 8.736933 **Anfahrt** Mit dem Zug zum Bahnhof Immendingen (RE Konstanz–Karlsruhe, RE Donaueschingen–Ulm). Mit dem Auto über A81, Ausfahrt Geisingen

Grau in Grau: Das Untere Schloss Immendingen wartet auf Verwandlung.

GETEILT »Die wenig gelungene Einbindung in die umgebende Neubebauung und das unauffällige Äußere werden in keiner Weise der historischen Bedeutung als früherer Sitz der Ortsherrschaft gerecht.« Das amtliche Urteil des Denkmalschutzes fällt recht harsch aus, doch ist nicht ganz von der Hand zu weisen, dass der Kontrast des Schlossgebäudes zu seiner unmittelbaren Nachbarschaft gerade deshalb so deutlich ausfällt, weil sich diese in den letzten Jahren stark verändert und ganz sicher verbessert hat. Rundherum sind moderne Wohnbauten und ein Kindergarten entstanden und auch das unmittelbare Umfeld des Schlosses wurde 2014 durch Neugestaltung eines Gartens gelungen aufgehübscht. Mitten drin aber blieb erst einmal der graue Bau, der dadurch etwas verloren wirkt. Es ist seine an sich günstige Lage, die diesen Eindruck in der Gegenwart noch mehr unterstreicht, nah an der Donau und gut sichtbar zwischen zwei Bahnlinien.
Schon die Standortwahl im Mittelalter war naturgemäß bedingt durch den Fluss, denn an jener Stelle war einst ein Übergang möglich, der somit gut kontrolliert werden konnte. Die Herren von Immendingen tauchten erstmals 1101 urkundlich auf. Sie residierten auf der Oberen Burg, doch kam es irgendwann zu einer Aufspaltung der Familie, sodass im unteren Dorf ein weiterer Ansitz entstand. Die Teilung geschah allerdings schiedlich-friedlich, man verteilte möglichst gerecht die verschiedenen Rechte und Einnahmen, womit Immendingen dadurch gleichwohl zum geteilten Dorf wurde. Dieser Zustand verstärkte sich noch weiter, als die von Immendingen ausstarben und mit ihnen durch Einheirat verwandte Geschlechter die jeweiligen Burgen mit ihren Dorfhälften übernahmen. Unten saßen nun die Jäger von Spätt, auch diese starben 1504 aus. Neuer Besitzer der Unteren Burg wurde Hans Knobloch von Reischach, der einem bekannten

Vergittert: Hier kommt niemand mehr so einfach rein.

Adelsgeschlecht der Region entstammte. Die von Reischach besaßen kein sonderlich bedeutendes Territorium, aber sie waren zahlreich. *Sehr* zahlreich. Egal ob als Äbte oder Äbtissinnen, Amtmänner in Diensten höherer Herren, Dom- oder Feldherren, ob auf Seiten der Eidgenossen, Habsburgs oder Württembergs, irgendwo hatte im Südwesten stets ein Reischach seine Hand mit im Spiel.

BURGHERREN Als die von Reischach die Untere Burg übernahmen, war es um den neuen Besitz eher schlecht bestellt. Der vor Kurzem zu Ende gegangene Schweizerkrieg (1499) hatte seine Spuren im Dorf hinterlassen und eine langfristige Erholung verhinderte die nächste unfriedliche Auseinandersetzung, der Bauernkrieg von 1524/25. Erst Hans' Sohn Veit brachte ab 1552 Ordnung in die Verhältnisse, vor allem gelang es ihm, durch eine Schiedskommission eine genaue Festlegung der verschiedenen Rechte und

Pflichten der beiden Dorfherren zu erreichen. Der Vertrag war offenkundig so klug austariert, dass er jegliche – bei solchen Verhältnissen andernorts ständig auftretende – Streitigkeiten bis zum Ende der gemeinsamen Ortsherrschaft kurz nach 1800 unterband. 1608 konnte man dann darangehen, sich statt der Burg ein neues hübsches Renaissance-Schlösschen zu errichten. Dummerweise fiel dieser Bau bald darauf während des Dreißigjährigen Krieges 1643 einem »Flugfeuer« zum Opfer. Für einen Wiederaufbau war erst einmal kein Geld mehr vorhanden und die von Reischach zogen unter anderem nach Weiterdingen (siehe 33) um. Doch selbst als sie wieder nach Immendingen zurückkehrten, war an eine großzügige Wiederherstellung des Schlosses nicht zu denken. Stattdessen wurde zwischen 1704 und 1707 mithilfe des noch Vorhandenen ein eher bescheidener Ansitz errichtet, der weniger an einen repräsentativen barocken Adelssitz als vielmehr an seinen nun verstümmelten Vorgänger erinnerte. Von diesem waren unter anderem die einst mächtigen Ecktürme nicht mehr als solche erkennbar, nur der an sich veraltete Treppenturm sorgte für etwas herrschaftlichen Glanz. Das restliche Jahrhundert verlief unspektakulär, erst am Ende zog wieder ein verheerender Krieg herauf, in dessen Verlauf die von Reischach ihren Teil der Ortsherrschaft – ebenso wie die Nachbarn im Oberen Schloss – verloren. 1834 traten sie ihre verbliebenen Rechte an die Fürsten von Fürstenberg ab.

Die Vernachlässigung hat aber auch durchaus ihren Charme.

EINE NEUE AUFGABE Diese hatten vorher schon das Obere Schloss in ihren Besitz gebracht, für das sie ab 1835 ehrgeizige und damals geradezu revolutionäre Pläne hatten. Eine Maschinenfabrik entstand, die Erzvorräte im nahen Bachzimmern nutzend, wo man einige der Überreste der hauseigenen Amalienhütte (siehe 3) in den Betrieb integrierte. In die Untere Burg war nach dem Kauf zwischenzeitlich das Rentamt eingezogen, was einige Umbauten im Inneren notwendig machte, doch schließlich erweiterten die Fürstenberg ihre Fabrik auch auf dieses Schloss. Rundherum siedelten sich ab 1869 zahlreiche Fabrikbauten an, innen zog unten die Verwaltung ein, oben standesgemäß der Direktor. 1891 brannte das Schloss einmal mehr, das hauptsächlich betroffene Dachgeschoss wurde in veränderter Form wieder aufgesetzt. Die Besitzer der durchaus erfolgreichen Maschinenfabrik, die beispielweise aktiv – Herstellung von Material – und passiv – erleichterter Transport – vom Bahnbau

Das Obere Schloss in Immendingen dagegen glänzt frisch restauriert.

profitierte, wechselten des Öfteren, passten sich jedoch mit ihren Produkten stets den veränderten Verhältnissen an. Dies ging bis 1989 gut, dann war die Zeit der »Immendinger Gießerei und Maschinenfabrik« abgelaufen. Während die Industriebauten nach und nach verschwanden und das erwähnte neue Umfeld entstand, blieb der Schlossbau zurück. Die Jahre als Firmensitz hatten ihm nicht unbedingt gutgetan, äußerlich wirkt er noch immer mausgrau, im Inneren war von der Ausstattung der früheren Jahre als Reischach'sches Schlösschen kaum etwas geblieben. Während ins Obere Schloss, gründlich restauriert, das Rathaus einzog, kann sein unteres Pendant dorthin nur neidisch hinaufblicken. Als hässliches Entlein inmitten der Neubauten sucht es noch immer nach der Möglichkeit zur Verwandlung in einen stattlichen Schwan.

Das besondere Erlebnis

Stattliche Dimensionen weist das Bahnhofsgebäude von Immendingen auf. Geschuldet ist dies seiner früheren Funktion als Grenzbahnhof zwischen Baden und Württemberg, vor allem jedoch seiner Rolle als Knotenpunkt, der zeitweilig zu den größten im Südwesten zählte. Die Schwarzwaldbahn von Konstanz nach Karlsruhe, die württembergische Strecke Stuttgart–Tübingen–Tuttlingen–Zürich und die Wutachtalbahn an den Hochrhein trafen hier aufeinander. In geringerem Maße ist Immendingen noch immer ein wichtiger Umsteigeort, doch das Bahnhofsgebäude hat als solches längst ausgedient und einiges von seinem repräsentativen Charme verloren. 2014 durch den Konzern verkauft, harrt es nach einigen fehlgeschlagenen Projektideen weiterhin auf eine neue Bestimmung.

Es gibt kein Bier ... im Brauereiausschank – und auch sonst nichts mehr.

12

SCHNEE UND SCHAUM

Königsbronn und Giengen an der Brenz

Gesunder Wintersport auf der Schanze oder lieber Gemütlichkeit in der guten Stube – in Giengen und Königsbronn erinnern ehemalige Vergnügungsstätten an erst jüngst vergangene Möglichkeiten der Freizeitgestaltung.

Königsbronn, Landkreis Heidenheim (HDH)
Ort An der Hirschsteige 7 (Sprungschanze), Zanger Str. 1 (Gasthof Rössle), 89551 Königsbronn **GPS** 48.735796, 10.109012 (Sprungschanze), 48.738467, 10.113433 (Gasthof Rössle) **Anfahrt** Mit dem Zug zum Bahnhof Königsbronn (RS Ulm–Aalen). Mit dem Auto über A7, Ausfahrt Heidenheim

Giengen an der Brenz, Landkreis Heidenheim (HDH)
Ort Obertorstr. 17/19, 89537 Giengen an der Brenz **GPS** 48.622257, 10.243871 **Anfahrt** Mit dem Zug zum Bahnhof Giengen an der Brenz (IRE Ulm–Aalen). Mit dem Auto über A7, Ausfahrt Giengen

DAS »RÖSSLE« IN KÖNIGSBRONN Nahe der Brenzquelle versammeln sich einige stattlich-sehenswerte Gebäude Königsbronns, das Rokoko-Rathaus, einst Villa eines Hammerherrn, woran die benachbarte historische Hammerschmiede erinnert, die Georg-Elser-Gedenkstätte und eben auch das »Rössle«, die Gastwirtschaft der einstigen Klosterbrauerei. Letztere ist seit Kurzem bereits verschwunden. Hinter dem Wirtshaus am Hang siedelten sich noch bis vor wenigen Jahren die Firmengebäude an, standen allerdings schon seit längerer Zeit leer. Ein Verkauf mit einem anschließend erhofften nutzbringenden Umbau scheiterte, der Leerstand sorgte bald für eine zunehmend schwindende Attraktivität des Ensembles. Da die Brauerei keine Zukunft hatte, blieb nur noch der Abrissbagger. Seither steht das Rössle etwas allein da, ohne benachbarten Bierlieferanten vor einer noch nicht wiederbelebten Freifläche. Gleichwohl ging der Betrieb weiter. Schließlich war man auch schon vor der Gründung der mittlerweile obsoleten Klosterbrauerei vor Ort. 1586 wird erstmals ein Gebäude an dieser Stelle genannt, es gehörte – wenig überraschend – einem Angehörigen des Eisenwerkes. Um 1670 aber ist als Besitzer bereits ein Gastwirt nachweisbar und seitdem hat sich diese Tradition erhalten, auch wenn sich das Gasthaus selbst noch mehrfach stark verändert hat. Denn 1708 wird es als extrem baufällig beschrieben, sodass wohl kurze Zeit später ein Neubau in Angriff genommen wurde, immerhin mit massiven Mauern, wobei nur wenige Teile im sonst üblicheren Fachwerk aufgeführt wurden. Dieser feste Sockel hatte Bestand, lediglich das Dach veränderte sich noch – 1810 wurde das charakteristische Zwerchhaus eingefügt. Anders sah es im Inneren aus: Hier erfolgten immer wieder deutliche Umgestaltungen, Säle wurden eingerichtet, dann wieder zugunsten von Zimmern für Übernachtungsgäste unterteilt. Das »Rössle« war also auch bei auswärtigen Gästen beliebt, diente aber zudem Königsbronner Vereinen und Parteien als Vereinslokal. Damit war schließlich am 31. 10. 2018 Schluss, als das letzte Wirtspaar in Ruhestand ging. Die Gemeinde übernahm später das Gasthaus, nun wird eine sinnvolle Nachverwendung gesucht.

DIE GROSSE SCHANZE Hinter dem »Rössle« kann man, am Brenztopf vorbei, zu den Wintersportanlagen des Königsbronner Skiclubs hochsteigen. Dieser Bereich der Schwäbischen Alb war über lange Jahre eine sehr angesehene Wintersportregion, da Königsbronn ebenso wie die benachbarten Orte Ober- und Unterkochen sowie Heidenheim Sprungschanzen und natürlich Pisten besaß. Die besten Zeiten erlebte der nordische und alpine Sport in den 1930er-Jahren, geblieben

Die ehemalige Sprungschanze wirkt inzwischen reichlich fragil.

ist davon in der Gegenwart nur sehr wenig und die Zukunft sieht wohl dank Klimaveränderung noch weniger rosig bzw. frostig aus. Die Herwartschanze in Königsbronn entstand 1935, ihr kritischer Punkt (K-Punkt), also die Weite, ab der ein Abbruch des Springens bzw. eine Verlegung des Anlaufes diskutiert werden musste, lag anfangs bei 30 Metern. Kalte Winter waren auf der Alb auch nach dem Weltkrieg verlässlich vorhanden und so ging man bei anhaltender bzw. steigender Beliebtheit des Skisports, wobei trotz Wirtschaftswunder nicht jeder den weiten Weg in die Alpen antreten konnte oder wollte, an den Ausbau der Anlagen. Die Schanze wurde 1967 komplett erneuert, die Stahlkonstruktion erreichte nun einen K-Punkt von 45 Metern. Es folgten eine Flutlichtanlage und als kleine Nachbarin eine Mattenschanze (K-Punkt 30 m). Lokalmatador Thomas Prosser, unter anderem mehrfacher Teilnehmer der Vierschanzentournee, sprang 1977 auf 55 Meter und holte sich damit den Schanzenrekord. Und zwar wohl bis in alle Ewigkeit, denn bis zur Jahrtausendwende wurde es immer ruhiger um den Königsbronner Wintersport. Dann allerdings erfolgte eine Renaissance, eine dritte Sprunganlage wurde errichtet, K-Punkt 16 Meter. Vor allem der Nachwuchs kommt heute zum Trainieren und zu Wettkämpfen nach Königsbronn, wo im Sommer und Winter Sprünge möglich sind. Allerdings im Schatten der alten Herwartschanze, die inzwischen gesperrt ist. Ihr aufragender Turm blickt auf die beiden jungen Nachbarinnen herab, reine Naturschanzen, die dank Mattenbelag hoffentlich die Königsbronner Skitradition schneeunabhängig aufrechterhalten werden.

Der stattliche Bau in Giengen wirkt einladend, steht aber leer.

GASTHAUS EINHORN IN GIENGEN Das »Rössle« von Giengen an der Brenz ist sozusagen das »Einhorn«. Mit dem Königsbronner Gasthof hat sein Pendant in der einstigen Reichsstadt unter anderem gemein, dass es sich auch bei dem Wirtshaus in der Obertorstraße um eine einstige Brauereigaststätte handelte. Was kaum verwundern kann, galt Giengen doch einstmals als regelrechtes Brauzentrum. 1806 sind in der Stadt ganze 16 Bierbrauer gelistet – bei einer Einwohnerzahl von etwa 1500. Das während des Übergangs der vormals selbstständigen Reichsstadt an Württemberg angelegte »Brand-Versicherungs-Kataster« verzeichnet für die Obere Torstraße 19 ein »zweistöckiges Wohnhaus samt angebautem Bräuhaus mit blecherner Dörre« im Besitz des »Matthaeus Franziskus Hodum, Einhornwirt«, dazu kam im Nachbargrundstück ein großzügiges Stallgebäude. In der Nr. 17 wohnte »Johann Martin Schnapper, Bierbrauer«. Hinzu kamen Bierkeller unter den Häusern und vor dem Torturm. Die Anzahl und Größe der Gebäude mitsamt guter Lage im Zentrum

Nur wenige Gebäude auf dem Areal stammen tatsächlich aus der Klosterzeit.

und dem stolzen Namen, der auf das Wappen der Stadt anspielte – und sich in einem prächtigen Auslegerschild manifestierte –, spricht für ein gedeihliches Unternehmen. Tatsächlich hatte das »Einhorn« das massive Brauereisterben in der Folgezeit überlebt, 1926 waren nur noch vier der alten Betriebe existent – mit dem »Felsen« war zwischenzeitlich immerhin ein neuer, fünfter dazugekommen –, darunter das Haus in der Obertorstraße, das jedoch hauptsächlich nur noch für den Eigenbedarf braute. Doch gut hundert Jahre später sind leider auch jene Zeiten passé. Das sehr ansehnliche und denkmalgeschützte Ensemble, bestehend aus den beiden Häusern an der Straße – wobei Nr. 17 eine markante Fassade aufweisen kann –, großen Kelleranlagen im Untergrund und dem Brauereigebäude aus Backsteinen im Hinterhof, wo sich ein Biergarten anschloss, steht heute zum Verkauf.

Das besondere Erlebnis

Nur wenige der auf dem Klostergelände Königsbronn befindlichen Gebäude entstammen tatsächlich der Zeit der Mönche, die dem Ort einst den Namen – und die Tradition der Metallverarbeitung – gaben. Diese wehrten sich zwar anfangs erfolgreich gegen die Einführung der Reformation, aber die Zerstörungen durch den fränkischen Markgrafen Albrecht Alcibiades 1552 und die anschließend doch noch erfolgte Auflösung kurz darauf führten zu einer Reduzierung des Originalbestandes. Obwohl bis auf die durch den Bahnbau komplett verschwundene Nordseite das Abteiareal immer noch gut erkennbar ist, gehen die meisten Häuser auf die nachklösterliche Zeit zurück, geblieben sind spärliche Überreste der gotischen Konventkirche, die Klostermauer mit Epitaphien und einige Ruinenreste, offen oder vermauert.

13

RETTER GESUCHT

Das Alte Schloss in Krauchenwies

Aus der Wasserburg wurde eine beliebte Sommerresidenz, Besucher aller Art kamen gerne vorbei. Später waren die Besuche weniger freiwillig, aber für das Schloss kam es noch schlimmer: Der Abriss war bereits beantragt.

Krauchenwies, Landkreis Sigmaringen (SIG) **Ort** Im Park 2, 72505 Krauchenwies **GPS** 48.020319, 9.248923 **Anfahrt** Mit dem Zug zum Bahnhof Mengen (RB Stockach-Mengen, nur Freizeitbetrieb im Sommer). Mit dem Auto über A98, Ausfahrt Stockach-Ost

Hier blieb die Zeit irgendwann stehen: Innenhof des Alten Schlosses Krauchenwies

BESITZERWECHSEL Auf der einen Seite waren die Verhältnisse klar: Krauchenwies mit seiner Burg, letztere um 1300 erstmals erwähnt, gehörte den Habsburgern, sprich zu Österreich. Und das sollte auch die nächsten fünfhundert Jahre so bleiben. Auf der anderen Seite gaben die Habsburger Ort und Ansitz adeligen Geschlechtern aus der Region zu Lehen, d. h. – sehr vereinfacht ausgedrückt – zur Miete. Und damit wird die Besitzergeschichte für lange Zeit ziemlich wirr. Ein ganzes Sammelsurium blaublütiger Geschlechter darf sich nun jeweils für eine bestimmte Zeit Ortsherren von Krauchenwies nennen, oft in schneller Reihe folgen die Wechsel. Mal sind es nur wenige Jahre, mal einige Jahrzehnte, manchmal kommt das Dorf an eine Familie, die es früher bereits einmal besessen hat, manchmal fällt es wieder an Habsburg zurück, das einen neuen Interessenten suchen muss, der meist schnell gefunden wird. Alles, was wenigstens ein klein bisschen Rang und Namen hat in der Umgebung, taucht irgendwann in der Besitzerliste auf: die von Leiterberg, die Zimmern, die Montfort, die Ramsberg, Homburg oder Syrgenstein. So ging es über Jahrhunderte. Krauchenwies war zwar nur ein Dorf, aber immerhin Dekanatssitz, also kirchlich von einiger Bedeutung – und es gab natürlich die erwähnte Burg, ursprünglich nur als »Turm«, aber 1451 bereits als »Wasserhaus« bezeichnet, folglich offenbar von einem gefluteten Graben umgeben und damit recht wehrhaft. 1595 hatte dann endlich auch der Besitzerreigen ein Ende: Karl II. von Hohenzollern-Sigmaringen erwarb das österreichische Lehen und Krauchenwies blieb dauerhaft in den Händen der Familie, sogar über das Verschwinden der habsburgischen Oberherrschaft hinaus. Der neue Hausherr unterstrich seine Ansprüche gleich einmal mit einem Neubau der Wasserburg, die sich dadurch in ein Renaissanceschloss verwandelte. Als Sommeraufenthalt oder auch zeitweiser Residenzsitz erfreute sich Krauchenwies bei den Hohenzollern zunehmender Beliebtheit, insbesondere in der späten Barockzeit. Dementsprechend wurde es den aktuellen Verhältnissen angepasst, 1769 bis 1785 erfolgte der Umbau zu der leicht unregelmäßigen Anlage, so wie sie sich größtenteils heute noch präsentiert.

NUTZUNGSWECHSEL Schloss und Park verblieben wie erwähnt nach dem Wegfall der österreichischen Landesherrschaft in Besitz der Hohenzollern. Krauchenwies blieb bevorzugter Sommersitz der Fürsten, allerdings ließ die Attraktivität des Schlosses nach, als 1832 in unmittelbarer Nachbarschaft das modernere »Landhaus« fertiggestellt worden war. Dabei ist es bis heute geblieben: Das Landhaus ist noch immer von zollerschen Familienmitgliedern bewohnt. Das nunmehr Alte Schloss dagegen stand am Beginn einer buchstäblich äußerst wechselvollen Geschichte. Anfangs wurden dort Gäste der Familie untergebracht, nicht selten gekrönte oder doch zumindest hochadelige Persönlichkeiten, schließlich waren die Hohenzollern nicht nur bestens vernetzt, sondern quasi mit Thronbesitzern in halb Europa verwandt. Die Gäste wurden allerdings mit der Zeit immer weniger blaublütig und nach und nach kamen sie kaum mehr freiwillig. Nach einer Nutzung als Nähschule erfolgte mit dem Beginn der nationalsozialistischen Herrschaft ein ständiges Kommen und Gehen. Krauchenwies war für mehrere Jahre Reichsarbeitsdienst-Lager für junge Frauen, aber auch Erholungsheim für ausgebombte Mütter und Kinder, Lazarett für verwundete Soldaten, Unterkunft für die faschistische Miliz der geflohenen französischen Vichy-Regierung sowie Behelfsquartier evakuierter Berliner Behörden. In der Nachkriegszeit wurde es nur bedingt ruhiger: Über längere Zeit, von 1954 bis 1979, diente der Bau als kirchliches Kinderheim, danach wurden vietnamesische Flüchtlinge, Studenten der Finanzverwaltungsbehörden in Sigmaringen und anschließend der dortigen Modeschule untergebracht. Dann war Schluss. Das ohnehin reichlich in die Jahre gekommene Gebäude stand ab 1990 leer, was ihm alles andere als guttat. Als von der vorbeiführenden Bundesstraße – die dadurch selbst mit zum Verfall beitrug – bestens einzusehender Schandfleck wurde das Alte Schloss zusehends zum Problemfall. 2002 beantragte das fürstliche Haus die Genehmigung zum Abbruch. Dieser drastische Schritt führte zur Mobilisierung mehrerer Initiativen, die mithilfe großzügiger Unterstützung durch den Denkmalschutz den Bestand rettete. Zwar gingen einige, meist spätere Anbauten verloren, aber das notdürftig sanierte Schloss, als Denkmal des Jahres 2007 geehrt, schien gerettet. Schien. Da sich keine Neuverwendung und kein Käufer gefunden haben, ist das Gebäude fast schon wieder in den Zustand vor der Sanierung zurückgekehrt.

Der Gedenkstein erinnert an den Aufenthalt Sophie Scholls.

SOPHIE SCHOLL Dabei kann, wenn auch nur zufällig, Schloss Krauchenwies als Station im Leben der Widerstandskämpferin Sophie Scholl eine Rolle in einem wichtigen Kapitel der jüngeren deutschen Geschichte aufweisen. Die Ulmerin gehörte zu den Mädchen, die zum Reichsarbeitsdienst zwangsverpflichtet worden waren, im April 1941 kam sie nach Krauchenwies. Die Einordnung in das strenge Reglement, geprägt von der nationalsozialistischen Ideologie, behagte ihr nicht. Unterbringung in Sälen mit bis zu zehn Betten, schlecht geheizt, mit karger Verpflegung, dafür weltanschaulichem Schulungsunterricht, all das war so gewollt, ebenso wie nicht wenige Verbote: Rauchen, Ausgang, der Besitz von Büchern, der Besuch von Gottesdiensten. Während der ersten Wochen fand der Unterricht ausschließlich im Schloss statt, anschließend erfolgten Außendienste bei Familien der Umgebung

Trotz der Lage im Park muss man wohl eher von verwünscht statt verwunschen sprechen.

im Haushalt und der Landwirtschaft. Letztere minderten etwas die Bedrückung, die Scholl empfand, die sich gleichwohl ihre kleinen Freiräume schuf: Sie las heimlich – verbotene – Bücher, erlangte vom Pfarrer die Erlaubnis zum Orgelspiel in der Kirche, besuchte dort auch öfter die Messen und schloss Freundschaft mit einer Kollegin. Trotzdem sehnte Sophie Scholl das Ende der halbjährigen »Zwangsjacke« des RAD-Dienstes herbei, »die Zeit [hatte] bis jetzt schon genügt, um meine Abscheu und Verachtung dafür ganz reifen zu lassen«, schrieb sie an ihren Bruder Hans. Im Oktober 1941 war die Zeit in Krauchenwies zu Ende, doch es folgte noch ein weiteres halbes Jahr in Blumberg, ehe sie 1942 ihr Studium in München aufnehmen konnte. Dort engagierte sie sich mit ihrem Bruder und Freunden in der »Weißen Rose« gegen das Nazi-Regime. Am 22. Februar 1943 wurde sie hingerichtet.

Das besondere Erlebnis

Zwischen Sigmaringen und Krauchenwies erstreckt sich der riesige Wildpark Josefslust, dessen Anfänge bis ins 15. Jahrhundert zurückreichen. Die Anlage diente vormals den Vorlieben des Adels, die Hohenzollern veranstalteten dort bis ins 20. Jahrhundert Jagdgesellschaften, an denen oft zahlreiche Häupter des Hochadels teilnahmen. Ein Jagdschloss, diverse Forsthäuser und Torbauten mit Wachhütten befanden sich auf dem Gelände, sogar ein eigener Bahnhalt an der Strecke Krauchenwies–Sigmaringen war eingerichtet. Manches, wie der Bahnhof und die Torhäuschen, ist verschwunden, vieles umgewidmet, aber der Park mit seinen, trotz Verkleinerungen, enormen Ausmaßen ist heute kein Privileg der Fürsten mehr, sondern der Öffentlichkeit zugänglich gemacht worden.

Äußerst eindrücklich gestaltet ist das Denkmal am Schwedengrab.

14

O MARIA, HILF!

Die Wallfahrtskirche auf dem Welschenberg

Die Wallfahrt zu dem Marienbild im Wald war so beliebt, dass dort eine große Barockkirche errichtet werden konnte. Kurz darauf ging es jedoch bergab, gut fünfzig Jahre später überließ man das Gotteshaus dem Verfall.

Mühlheim an der Donau, Landkreis Tuttlingen (TUT)
Ort Welschenberg, 78570 Mühlheim an der Donau **GPS** 48.023254, 8.903397
Anfahrt Mit dem Zug zum Bahnhof Mühlheim/Donau (RE Donaueschingen–Ulm, RB Tuttlingen–Sigmaringen). Mit dem Auto über A81, Ausfahrt Tuningen

EINE ERFOLGREICHE IDEE Der hochwürdige Herr Kanonikus Pfarrer Georg Walter ging des Öfteren einen Weg, der auch noch heute bei Wanderern beliebt ist. Doch der Geistliche, der in Mühlheim und Fridingen aushalf, war dienstlich unterwegs und hatte bei der Überquerung des Welschenbergs ein ganz anderes Bild vor Augen als heutige Besucher des Donautales. Es war die Endphase des Dreißigjährigen Krieges, die Städte und Dörfer waren teils verwüstet (siehe besonderes Erlebnis) und entvölkert, die Lebensverhältnisse geprägt von den traumatischen Erfahrungen der Kriegsgräuel und verheerenden Seuchen. Wer all das überstanden hatte, den plagten nun zumeist Armut und allerhand Sorgen. Pfarrer Walter entdeckte auf einem seiner Gänge nach Fridingen während einer Ruhepause eine Eiche, die eine Art glatter Ausbuchtung besaß, die ihn faszinierte. Seiner Meinung nach sei dies ein guter Platz, um dort ein Andachtsbild aufzuhängen. Er ließ ein Gemälde anfertigen, das ein bekanntes Gnadenbild eines flämischen Wallfahrtsortes zeigte und brachte es an dem Baum auf dem Welschenberg an. Die Menschen jener Tage hatten verständlicherweise viele Bitten und Sehnsüchte – und so entwickelte sich das Bild am Baum bald zu einem beliebten Pilgerziel. Ungewöhnlich an dieser Geschichte zur Entstehung einer Wallfahrt ist, dass es sich nicht um eine Legende handelt. Üblicherweise liegt Orten der Marienverehrung ein wundersames Ereignis zugrunde, etwa das Auffinden einer Statue – oft in Bäumen im Wald –, eine Erscheinung oder ein anderer Hinweis ›von oben‹, zum Beispiel Baumaterial, welches immer wieder zu einer bestimmten Stelle zurückkehrt. All das ist hier nicht der Fall, der Beginn ist faktisch verbürgt, das Welschenberger Bild kam auf geradezu nüchterne Weise an seinen Ort. Gleichwohl schrieben ihm die Menschen bald wundertätige Kräfte zu. Pfarrer Walter verlor 1651 seinen Posten im Stift Buchau und wurde mit der Pfarrei Mühlheim betraut. Er war nun nicht mehr nur Aushilfe in seiner Heimatstadt und konnte sich umfassend um die auf ihn zurückgehende Wallfahrt kümmern.

WALLFAHRT CONTRA FREIHERREN Es war eine Erfolgsgeschichte: Schon ein Jahrzehnt nach Anbringung des Bildes konnte der Pfarrer darangehen, dort oben eine Kirche errichten zu lassen. Die Landesherren, die in Mühlheim sitzenden Freiherren von Enzberg, sahen das mit Wohlwollen und gaben die nötigen Grundstücke für den Bau. Die katholische Herrschaft war durchaus erfreut darüber, in ihrem Mini-Territorium, das nur die Stadt und einige wenige Dörfer umfasste, mit einem angesehenen Wallfahrtsziel glänzen zu können. Und dies gelang auch. Zwar durfte Pfarrer Walter, 1659 verstorben, die Vollendung der Kirche zwei

Ein weiteres Stück des von Moos bedeckten Denkmals

Der hintere Teil der Wallfahrtskirche (mit markantem Bogenfenster)

Der Chor wurde teilrestauriert, der Turm komplett wieder hergestellt.

Jahre später nicht mehr erleben, der Zustrom auf den Welschenberg hielt aber nicht nur an, er wuchs, auch über die nähere Region hinaus, weiter an. Um die Kirche entstand eine kleine Siedlung, ganz typisch für einen einsamem Wallfahrtsort: Es gab ein Wirtshaus, einen Stall zur Unterbringung der Pferde berittener Besucher, ein Haus für einen Laiengeistlichen, der als Mesner fungierte, sowie eine Unterkunft für einen Assistenzpriester und den Hauptgeistlichen, den »Wallfahrtsdirektor«, ein Amt, das ab 1700 von dem des Mühlheimer Stadtpfarrers getrennt wurde. Dies deutete schon auf gewisse Misshelligkeiten hin. Der Welschenberg unterstand damit komplett dem Bistum Konstanz, die in Sichtweite residierenden Freiherren von Enzberg hatten dort oben nichts hineinzureden. Das Verhältnis war gespannt. Denn der Welschenberg war eine nicht zu vernachlässigende Einnahmequelle geworden, während umgekehrt die Enzberger Herrschaft von bedrohlichen Finanznöten geplagt wurde. Profiteur der Misere war ausgerechnet der Welschenberg: Die von Enzberg hatten ihr Dorf Stetten und die Lippachmühle verpfänden müssen – die Schuldscheine kaufte 1668 die Konstanzer Verwaltung der Wallfahrtsstätte. Der Welschenberg war nun sogar Ortsherr über das Dorf und die Mühle. Doch nur auf Zeit: Das Pfand bedeutete, dass die Wallfahrt die Einnahmen aus dem Dorf – die Abgaben der Untertanen – solange nutzen durfte, bis die Schulden abgetragen wären. Als sich die von Enzberg ab 1690 bemühten, Dorf und Mühle zurückzubekommen, stellte man sich in Konstanz quer. Jahrzehntelange Streitigkeiten begannen, während derer die Wallfahrt die Abgaben weiterhin ungeniert nutzte. Unter anderem zum Bau einer wesentlich größeren, äußerst ansehnlichen Barockkirche in den 1750er-Jahren. Dass inzwischen das höchste Reichsgericht den von Enzberg recht gegeben und einen Großteil der Gelder für unrechtmäßig erworben deklariert hatte, fochten die Inhaber des Welschenbergs erst einmal nicht an. Erst 1759 ordnete der Konstanzer Bischof höchstpersönlich die Rückgabe an.

DUNKLE WOLKEN Die Rückgabe markierte einen wichtigen Wendepunkt in der Geschichte des Welschenberges. Einerseits war das Verhältnis zu den Freiherren durch den Streit naturgemäß belastet, andererseits fielen nun die Einnahmen aus den Pfandorten weg, dazu kam die Forderung der unrechtmäßig eingezogenen Abgaben. Da man ja soeben die kostspielige Erneuerung der Kirche hinter sich hatte, lag von nun an ein ständiges Damoklesschwert über der Pilgerstätte: Ein riesiger Schuldenberg, sollten die von Enzberg zur berechtigten Einziehung ihrer Gelder schreiten. Zwar sorgten die weiterhin fließenden Spenden aus den nicht nachlassenden Pilgerströmen für ein weiterhin solides Vermögen, aber die Zeiten änderten sich bald. Die von Enzberg reagierten anfangs zurückhaltend mit ihren Forderungen, doch als es um den Bau einer neuen Pfarrkirche in der Stadt ging, erinnerte man sich der ausstehenden Forderungen. Zwar zeigte man sich kulant bei der Höhe des Betrages, aber da zeitgleich die aufklärerischen Strömungen, die auch in der Kirche selbst wirkten, dem Wallfahrtswesen immer skeptischer gegenüberstanden, braute sich über dem Welschenberg ein unheilkündendes Gewitter zusammen. Erst recht, als mit dem protestantischen König Friedrich von Württemberg ein neuer Landesherr antrat, der von katholischen Wallfahrten gar nichts, von deren Vermögen jedoch durchaus viel hielt – und der alles daransetzte, an dieses heranzukommen. Weder Konstanz als zuständiger Wallfahrtsadministrator und kirchliche Behörde, noch die von Enzberg, ohnehin größtenteils entmachtet, setzten dem viel Wider-

Auch mit etwas Abstand lässt sich die Größe der Kirche noch gut erahnen.

stand entgegen. Friedrich befahl 1811 die Auflösung des Welschenbergs, das vorhandene Vermögen ging in seine Privatschatulle, die Ausstattung der Kirche und der Häuser wurde größtenteils zu Geld gemacht. Die profanen Gebäude verschwanden daraufhin völlig, die erst 50 Jahre alte Barockkirche wurde dem Verfall preisgegeben. Obwohl schon seit Mitte des 19. Jahrhunderts wieder vereinzelte Pilger auf den Welschenberg zogen und dort 1905 am Turmrest eine kleine Kapelle errichtet wurde, hielt dieser Zustand bis in die 1960er-Jahre an. Erst ab dann wurden Instandhaltungsmaßnahmen, später sogar Teilrekonstruktionen – der Chor und der Turm – in Angriff genommen. Die beeindruckende Barockruine, inzwischen wieder ein Pilgerziel, war gerettet.

Das besondere Erlebnis

Indirekt erinnert die Welschenbergkirche an die Schrecken des Dreißigjährigen Krieges, doch in Mühlheim gibt es noch ein weiteres markantes Denkmal an jene Tage: das Schwedengrab unterhalb des Schlosses. 2007 eindrucksvoll neu gestaltet, markiert es den Ort, an dem gut dreihundert schwedische Soldaten verscharrt wurden. Sie hatten hier im Februar 1633 den Tod gefunden, nachdem sie im besetzten Mühlheim über Wochen wenig rücksichtsvoll gehaust hatten. Bei der kaiserlichen Rückeroberung der Stadt, die wiederum ebenfalls wenig zimperlich vonstattenging, wurden sie nun selbst Opfer der brutal geführten Auseinandersetzungen.

15

DIE LETZTEN TAGE VON GRUORN

Der Truppenübungsplatz Münsingen

Württembergs ältester Truppenübungsplatz wurde größer und größer: Dadurch geriet – buchstäblich – irgendwann das Dorf Gruorn ins Visier: Die Bewohner wurden zum Wegzug gezwungen, ihre Heimat zum Zielobjekt. Zurück blieb ein Geisterdorf.

Gruorn und Münsingen, Landkreis Reutlingen (RT) **Ort** Hauptstr. 225, 72525 Münsingen **GPS** 48.449951, 9.503761 **Anfahrt** Mit dem Zug zum Bahnhof Münsingen (RB Gammertingen–Münsingen–Schelklingen). Mit dem Auto über A8, Ausfahrt Merklingen

Überall im, um und am Truppenübungsplatz finden sich militärische Überbleibsel.

LANDSUCHT Es war nicht allzu gut gelaufen für das württembergische Militär, als es nach gut fünfzig Jahren Frieden 1866 wieder zum Einsatz musste. Im deutsch-deutschen Krieg an der Seite Österreichs hatte ihm das verfeindete Preußen schnell den dringenden Reformbedarf aufgezeigt. Nun, fünf Jahre später, war Preußen Verbündeter und Württemberg Teil des neu gegründeten Kaiserreichs unter den Hohenzollern. Zwar war es gelungen, eine eigene Armee zu bewahren, doch war diese nur noch scheinselbstständig: Als XIII. Armeekorps war sie in die Reichsverteidigung integriert, im Falle eines Krieges hatte man sich an die Anweisungen aus Berlin zu halten. Preußen hatte nun das Sagen und galt aufgrund seiner jüngsten Erfolge auch als Vorbild für den Neuaufbau der Truppe. Teil des Konzepts: Die Errichtung von Truppenübungsplätzen, die es vorher in dieser Form – und diesen Ausmaßen – nicht gegeben hatte. Gesucht war also ein möglichst umfangreiches, dünn besiedeltes Gebiet, in dem das Militär ungestört ganze Formationen hin- und herbewegen, Reiterattacken und Grabenkämpfe, Manöver und Schießwettbewerbe veranstalten konnte. Das Münsinger Hardt auf der Schwäbischen Alb schien bestens geeignet und so ging das Stuttgarter Kriegsministerium 1895 daran, hier umfassend Land zu erwerben. Zwar lebten zu diesem Zeitpunkt nur wenige Menschen auf einigen verstreuten Gutshöfen, für die angrenzenden Gemeinden und Landwirte war der Verlust an Boden, Wäldern und Ackerflächen aber nicht unbeträchtlich. Böttingen, Ennabeuren oder Magolsheim verloren ein Drittel bis zur Hälfte ihrer Fläche. Trotzdem ging der Erwerb einigermaßen friedlich vonstatten, Enteignungen waren selten, das Militär zahlte überwiegend anständige Entschädigungen. Ein gewisser Stolz, den vorerst einzigen – und somit ältesten – Truppenübungsplatz im Land zu besitzen, war ebenso vorhanden wie die Hoffnung auf wirtschaftlichen Profit durch die Versorgung der Truppen. Schließlich entstand bei Münsingen nach und nach das Alte Lager, eine anwachsende Siedlung von Barackenunterkünften, Kommandaturbauten und weiteren militärischen Anlagen.

STAAT IM STAATE Beobachtungstürme wurden errichtet und es folgte ein Remontedepot in Breithülen, wo ständig Kavalleriepferde für den Einsatz bereitgehalten wurden. Im Krieg kam ein Neues Lager hinzu, erst für Kriegsgefangene, später für heimkehrende Soldaten, neben Übungen diente der Platz nun auch zur Ausbildung. Der Bedarf wurde immer größer, und obwohl das württembergische Militär nach Kriegsende endgültig aufgelöst und die Reichswehr stark reduziert wurde, blieb Münsingen als Übungsgelände erhalten. Spätestens mit dem Machtantritt der Nazis 1933 und deren unverhohlenen Aufrüstungsbestrebungen war klar, dass diesen die bisherigen 3600 Hektar nicht mehr genügen würden. Und zwar bei Weitem nicht – die Pläne gingen fast von einer Verdoppelung aus. Dies bedeutete auch, dass eine Erweiterung kaum ohne Verlust an besiedeltem Gebiet einhergehen würde, Gerüchte machten bald die Runde. Für Gruorn, ein benachbartes Dorf mit immerhin 665 Einwohnern – eine stattliche Anzahl für einen Ort der Gegend – und langer Tradition zeichnete sich eine düstere Zukunft ab. Selbst wenn es nicht zum Schlimmsten käme, würde das bislang schuldenfreie und gutgestellte Dorf massive wirtschaftliche Einbußen erleiden. Aber es kam ohnehin eben genau dieses Schlimmste: Im Februar 1937 erfolgte der Beschluss, die Gemeinde Gruorn aufzulösen und die Bewohner auszusiedeln, bis März 1939 sollte das Dorf komplett geräumt sein. Für die meisten Bürger ein Schock, hinzukam, dass kein Umsiedlungskonzept erarbeitet wurde, also

Kryptische Zeichen dienten den Soldaten als Orientierung.

etwa ein gemeinsamer Umzug an einen Ort, obwohl der Bürgermeister in diese Richtung Hoffnungen hegte. Der buchstäbliche Ausverkauf Gruorns – und der von Flächen anderer Gemeinden – ging zudem weniger glimpflich ab als noch gut vierzig Jahre zuvor. Die Nazibehörden zahlten eher unterdurchschnittliche Entschädigungen, mit der Drohung einer Zwangsenteignung war man schnell bei der Hand. Notgedrungen leerte sich Gruorn, im Januar und Februar 1939 reihten sich die endgültigen Abschiede: Letzter Gottesdienst in der tausendjährigen Pfarrkirche, letzter Schulausflug des Gruorner Nachwuchses. Aber so ganz öde lag das Dorf trotzdem nicht: Einige wenige Bewohner harrten selbst während des Krieges dort aus, unter Dauerbeschuss, neben der Kirche, die nun als Getreidespeicher diente. Rundherum auf dem Truppenübungsplatz ging es hoch her: Je schlechter es für die Nazis im Krieg lief, desto umtriebiger war das Geschehen auf dem Gelände: Ganze neue Divisionen wurden hier aufgestellt, darunter zum Ende hin sogar italienische Mussolini-Truppen und Divisionen russischer Kollaborateure. Das gesamte Gebiet hatte man als sogenannten Gutsbezirk inzwischen der Kontrolle der umliegenden Gemeinden entzogen, es unterstand direkt Berlin. Das blieb so bis 2011.

COMEBACK FÜR GRUORN? Im verlorenen Krieg lag auch eine gewisse Hoffnung: Würde der Truppenübungsplatz aufgelöst werden? – Es gab ja kein deutsches Militär mehr. In Gruorn lebten noch immer ein paar Unerschrockene, insgesamt 64 Menschen harrten dort aus, einige wenige waren sogar dahin zurückgekehrt. Leider zu voreilig. Die französische Armee übernahm das Gelände, 1952 beschloss sie das Ende von Gruorn. Alle restlichen Bewohner hatten den Ort zu verlassen, dessen Schicksal sollte es zunächst

Die Straßen sollte man nicht verlassen (im Hintergrund Bunker).

sein, als Zielobjekt für Schussübungen und Trainingsgelände für den Häuserkampf zu dienen. Als ab 1957 auch die Bundeswehr anteilig in Münsingen wieder mit üben durfte, befanden sich die Gebäude des Dorfes bald in so erbärmlichen Zustand, dass sie Anfang der 1970er-Jahre abgerissen werden mussten. Einsam blieben das Schulhaus und die – durch eine Initiative gerettete, aber stark beschädigte – Kirche stehen. Zugänglich wurden sie erst wieder 2006, als der Truppenübungsplatz selbst Geschichte – und Biosphärenreservat – wurde. Nach und nach waren erst die Franzosen, schließlich auch die Bundeswehr abgezogen, 2005 verließ der letzte Soldat das Alte Lager. Während dieses zu einem Gewerbegebiet umgewandelt wurde und die Militärbauten der Jahrhundertwende größtenteils erhalten blieben, verschwand das Neue Lager, die spätere Herzog-Albrecht-Kaserne, fast vollends. Die Hinterlassenschaften auf dem Truppenübungsplatz in Form von Bunkern, Türmen, Panzerstraßen, Friedhöfen und zerschossenen Bäumen sind zahlreich, noch zahlreicher sind sie allerdings unter dem Gelände, dort liegt weiterhin allerhand Munition. Das Verlassen der Wege ist deshalb streng untersagt. Der Besuch von Gruorn bleibt also gefährlich – zumindest für Unvorsichtige.

Das besondere Erlebnis

Mehrfach wurde das Projekt von einem direkten Anschluss des Truppenübungsplatzes an die Bahn angedacht, aber aufgrund des geografisch schwierigen Unterfangens und enormen finanziellen Aufwandes wieder ad acta gelegt. Stattdessen richtete man 1972 den Haltepunkt Oberheutal ein und baute ihn zum rein militärischen Verladebahnhof mit zahlreichen Gleisen und Laderampen für schweres Gerät wie Panzer aus. Nach Ende der Militärzeit wurde Oberheutal 2005 zum Abstellbahnhof mit gelegentlichem Güterverkehr herabgesetzt, wo bis heute Waggons in teils traurigem Zustand dahinvegetieren – ähnlich wie die nur noch zum Teil erhaltenen Gebäude.

Eingang zum ehemaligen Kloster- und heutigen Friedhofsgelände

16

EINE BAU-SÜNDE

Das Beichtigerhaus in Neudingen

Ein Kaiser hauchte hier sein Leben aus, Nonnen lebten über Jahrhunderte auf dem Hügel bei Neudingen, die von Fürstenberg ließen sich dort begraben. Viel Geschichte, wenig Überreste.

Neudingen (Stadt Donaueschingen), Schwarzwald-Baar-Kreis (VS)
Ort Gutmadinger Str. 15, 78166 Donaueschingen **GPS** 47.911243, 8.575355
Anfahrt Mit dem Zug zum Bahnhof Hüfingen (S-Bahn Villingen–Freiburg/Breisgau). Mit dem Auto über A81, Ausfahrt Geisingen

AUFGEBAHRT AUF DER BAAR Viel Glück hatte Karl der Dicke (839–888), Herrscher zu Zeiten, als es mit dem einst mächtigen Karolingerreich rapide bergab ging, wirklich nicht. Die Ära Karls des Großen war dahin, das halb Europa umfassende Frankenreich längst in viele kleine Königreiche zersplittert, aber da die Kollegen – meist enge Verwandte – nach und nach wegsterben, kann Karl durch mehrfaches Erben das Gesamtimperium noch einmal für sehr kurze Zeit wiedervereinen. Eigentlich ein lang gehegter Traum, nur leider war Karl, anders als sein großer Namensvetter und Urgroßvater überhaupt nicht geschaffen für eine solche Aufgabe. Eine nebensächliche, aber symptomatische Kuriosität ist dabei sein (postumer) Beiname: Wer sein Portrait auf Münzen betrachtet, der wird feststellen, dick war Karl der Dicke nicht, eher verhärmt dürr im Gesicht, kein Wunder, war er doch zeitlebens kränklich. In jedem Fall war der König und spätere Kaiser mit den enormen Belastungen einer harten Regierungstätigkeit überfordert, es fehlte ihm die Machtbasis und Durchsetzungskraft für ein hartes Durchregieren. Bereits 887 wurde er als ostfränkischer König von seinen Gegnern abgesetzt – und kam so in unsere Gegend. Er zog sich nach Neudingen zurück, und in diesem heute unscheinbaren Dorf ist er im Jahr darauf verstorben. Bestattet wurde er im Münster auf der Insel Reichenau, wo sich sein Grab bis heute befindet. Sagen und Gerüchte berichten allerdings, dass er noch immer, laut schnaufend, besser zu hören als zu sehen, als Untoter umgeht, jedoch nicht an seinem Sterbeort, sondern bei der Entenburg im benachbarten Pfohren. Das ist vermutlich weniger plausibel als die Stellung Neudingens im Karolingerreich, doch ist auch diese umstritten. Wie lange lebte Karl vor Ort? Und handelte es sich um einen Königshof, also eine Art Reiseraststätte der umherziehenden Kaiser, oder um eine Pfalz, einen mit wesentlich mehr Machtbefugnissen ausgestatteten Sitz? Grabungen erbrachten Fundamente, die auf das 9. Jahrhundert verweisen könnten, doch ihr Status und ihr genaues Alter sind bislang nicht abschließend geklärt.

NONNENTAUSCH Es war ein geschickt eingefädelter, aber streng geheimer Coup: Auf einer ihre Verfolger verwirrenden Route, Umwege inbegriffen, näherten sich neun verkleidete Frauen der Burg Wartenberg, wo sie ihre Flucht im April 1562 vorerst beenden konnten. Es handelte sich um Nonnen aus dem Kloster St. Agnes in Lauingen, die dort von ihrem protestantischen Landesherren seit Jahren bedrängt wurden – und nun das stillschweigende Angebot des Hauses Fürstenberg angenommen hatten, in das neu zu belebende Kloster Neudingen umzusiedeln. Zwar gelang die riskante Aktion mit der sicheren Ankunft der Schwestern, aber von da an begann der Ärger erst richtig.

So lässt sich »Tür zu!« fürstlich gediegen ausdrücken.

Dass der Pfalzgraf, dem die Nonnen abhandengekommen waren, stinksauer sein würde, war vorhersehbar, wobei es ihm weniger um die Personen als um das von ihnen mitgenommene Inventar und die Urkunden ging –jahrzehntelange juristische Streitigkeiten waren die Folge. Aber es taten sich zudem ganz andere, unerwartete Probleme auf. Der ursprüngliche Plan, das alte Neudinger Kloster, das hier seit 1274 auf den Überresten der einstigen »Pfalz«, darum Auf Hof genannt, bestand, durch die geflohenen Frauen wieder zum Leben zu erwecken, war nur auf dem Papier genial. Denn dort hatten seit Gründung Dominikanerinnen gelebt, von denen allerdings inzwischen, durch Einfluss der Reformation und einer verstärkten Ausbeutung des Klosters durch den fürstenbergischen Landesherren, nur noch ein oder zwei sehr alte Damen übrig waren. Dass die Gebäude in einem miesen Zustand waren, war leichter behebbar als die kirchenrechtlichen Widerstände: Die geflohenen Lauinger Schwestern waren Zisterzienserinnen, gehörten also einem ganz anderen Orden an. Wieder kam es zu jahrelangen Auseinandersetzungen, denn einfach mal komplett den Orden tauschen, das ging so nicht, fanden kirchliche Behörden und vor allem die Dominikaner. Irgendwann hatte man sich jedoch geeignet. Neudingen war nun ein Zisterzienserinnenkloster, nun zumeist Maria Hof genannt, und die von Fürstenberg nutzen es weiterhin, wie schon seit 1337, als herrschaftliche Grablege. Zwar erfreute sich der Konvent dadurch weiterhin ihrer besonderen Gunst, zugleich hinderte dies das Herrscherhaus nicht, das Kloster 1802 aufzuheben und sich dessen Güter und die in den 1720er-Jahren aufwendig erneuerten Gebäude anzueignen. Maria Hof war Geschichte.

Die herrschaftliche Grabkapelle derer von Fürstenberg.

EIN EINZIGER ÜBERLEBENDER Die Nonnen, 18 von ihnen lebten zur Zeit der Säkularisation im Kloster, durften allerdings weiterhin dort wohnen bleiben. Sie bekamen eine Pension, doch ansonsten blieb ihnen nicht viel mehr, als demütig auf ihr Lebensende zu warten. Die Fürstenberg nutzten vor allem die ökonomischen Gebäude, der stetig schrumpfende Konvent einen weiteren geringen Teil, der Rest fand nur zwischenzeitlich diverse kurzlebige Verwendungen: Als Spital für russische Gefangene der napoleonischen Feldzüge, als Blindenheim und zuletzt als »Anstalt zur Rettung sittlich verwahrloster Kinder«. Ende März 1852 blieb der letzten, hochbetagten Nonne Afra Weggerlin schließlich nicht einmal erspart, das schreckliche Ereignis des kompletten Untergangs ihres Klosters miterleben zu müssen. Ein Großfeuer, augenscheinlich durch Brandstiftung gelegt, vernichtete fast das gesamte Areal, darunter die Kirche. Was verschont wurde, riss man ab. Die von Fürstenberg hatten gerade erst die Gruft erneuert, nun wurde auf dieser, und aus den Überresten der Vorgängerin, die monumentale Gruftkapelle errichtet. Um die herum entstand ein Park, der in jüngster Zeit, da die Krypta inzwischen wiederum gefüllt ist, zusätzlich als Friedhof des Geschlechts genutzt wird. Doch es existiert ein weiteres Gebäude auf dem Hügel – und es entstammt, als einziges, tatsächlich noch der Klosterzeit. Es ist das Haus des Beichtvaters, des Priesters, der zur Betreuung der Nonnen abgeordnet war. Das Beichtiger-, später Kaplaneihaus, erbaut im 18. Jahrhundert, liegt allerdings gut versteckt neben der Gruftkapelle. Und zwar zurecht: Es ist in einem erbärmlichen, alles andere als vorzeigbaren Zustand.

Das besondere Erlebnis

Inmitten der Länge (GPS 47.882209, 8.610117) des Höhenzugs südlich von Neudingen ließ sich Fürst Joseph Wenzel von Fürstenberg 1767 ein Domizil für seine Jagdvergnügen erbauen. Dabei handelte es sich keineswegs um eine bescheidene Hütte, sondern ein stattliches mehrstöckiges Barockschloss, eine Art Mini-Donaueschingen. Genutzt hat nur er es, seine Nachfolger hatten wenig Interesse und quartierten dort einen Förster ein, der nebenher eine Gastwirtschaft betrieb. Doch die Versorgung des abgelegenen Gebäudes war mühsam, neues Geld wurde nicht investiert. 1839 wurde das Länge-Schloss verkauft – auf Abbruch.

↓↘ Wenn man der Natur ihren Lauf lässt: verwilderte Impressionen vom nahe gelegenen Beichtigerhaus

17

ZU BESUCH BEIM HENKERSGRAFEN

Fronveste Oberdischingen

Geld für Gefangene? Um das ausufernde Bandenwesen in der Region in den Griff zu bekommen, verfiel ein kleiner Landesfürst auf eine eigenwillige Idee. Er baute in seiner Miniresidenz ein großes Gefängnis.

Oberdischingen, Alb-Donau-Kreis (UL) **Ort** Schloßplatz 9, 89610 Oberdischingen **GPS** 48.301658, 9.831961 **Anfahrt** Mit dem Zug zum Bahnhof Erbach/Württemberg (RB Ulm–Biberach). Mit dem Auto über A7, Ausfahrt Dreieck Hittistetten

Die Eingangsbauten der Herrengasse waren besonders aufwändig gestaltet.

GESCHÄFTSPARTNER GESUCHT Im Jahr 1803 hatte der eidgenössische Kanton Thurgau plötzlich ein unerwartetes Problem. In der Schweiz war eine moderne Justizreform durchgeführt worden, die viele der althergebrachten Leib- und Körperstrafen durch Freiheitsentzug, ein vorher kaum bekanntes Sanktionsmittel, ersetzte. Doch der Thurgau besaß keine dafür notwendige Haftanstalt, die vorhandenen alten Burgverliese taugten hierfür nicht. Erst versuchte man, die Reform zu blockieren, doch letztlich war der Druck von oben zu groß. Eine Lösung musste her. Und diese fand sich, indem man die Verurteilten einfach weiterreichte. Im fernen Oberschwaben gab es da einen Grafen, der Häftlinge gegen Bezahlung übernahm. Sein Name: Franz Ludwig Schenk von Castell (1736–1821). Den Thurgauern mochte zudem sympathisch sein, dass die Vorfahren der Adelsfamilie aus ihrem Landstrich stammten, ihr Stammschloss findet sich dort noch immer. Zwar herrschte der Graf nur über ein winziges Territorium im Schwäbischen Reichskreis, aber dank diesem und als Mitglied des Hochadels hatte er die niedere und vor allem auch die höhere Gerichtsbarkeit dort inne: das Recht, über Leben und Tod zu entscheiden. Und so errichtete er in Oberdischingen, seiner Residenz, nicht größer als ein Dorf, eine Fronveste und schloss Verträge mit fast 140 verschiedenen Staaten, um ihnen ihre Verbrecher abzunehmen, über sie Gericht zu halten und sie entweder hinzurichten oder in seinem Gefängnis einzusperren. Der »Malefizschenk« war im ganzen Reich, und wie das Beispiel Thurgau zeigt, auch im Ausland wohlbekannt. Sein Ruf in der Überlieferung ist äußerst zweifelhaft, vom Henkersgrafen ist die Rede, den Blutgeruch umgab, dem die eigene Bevölkerung in einer Mischung aus Respekt und Furcht lieber aus dem Weg ging, vom Banden- und Menschenjäger. Und tatsächlich klingt das

Derzeit leider geschlossen: die Tür zur Herrengasse 2

ganze Unternehmen, an die Gründung privater Haftanstalten in den heutigen USA erinnernd, nach dem Motto Gefangene gegen Geld, nicht sonderlich sympathisch. Doch die Sache ist komplizierter.

EINE CLEVERE GESCHÄFTSIDEE Wie kam der Graf überhaupt auf diesen verblüffenden Gedanken? Als Auslöser wird oft ein Vorfall genannt, der Franz Ludwig zum Opfer der berüchtigten Elisabetha Gaßner machte. Gemeinsam mit einer Kollegin habe ihm diese gewiefte »Erzdiebin« bei einem Empfang am Ludwigsburger Hof sage und schreibe 1700 Gulden entwendet. Der Graf ließ die »Schwarze Lies« über lange Zeit verfolgen, bis seinen Häschern nach einiger Zeit tatsächlich die Festnahme gelang. In Oberdischingen gestand sie nach etlichen Verhören einen Großteil ihrer Taten, hunderte von Diebstählen in Schwaben, Franken und der Schweiz und wurde schließlich hingerichtet. Elisabetha war ein Symptom für das damalige Bandenwesen, das die territoriale Zersplitterung des Reiches, gerade in Ober-

Alles schön geordnet und ordentlich symmetrisch – auch die Blumenkübel.

schwaben, für sich nutzte. Durch Übertritt in die oft nur wenige Kilometer entfernte benachbarte Herrschaft konnte man sich leicht den Behörden entziehen, deren Mittel waren begrenzt, die Zusammenarbeit schwierig. Hier nun setzte Franz Ludwig an. Er erbot sich, für den Schwäbischen Reichskreis zentral eine Fronveste zu errichten, entsprechendes Personal anzuschaffen und fortan Verbrecher aktiv jagen zu lassen. Der Vorschlag wurde geradezu begeistert akzeptiert. Der Graf sollte bald merken, wie froh man ringsumher war, dass er dieses unschöne Geschäft übernahm. Hatte er ursprünglich lediglich geplant, die Übeltäter festzunehmen und an die jeweilige Herrschaft auszuliefern, so zeigte sich bald, dass diese wenig daran interessiert war, ihre Übeltäter aufzunehmen und abzuurteilen, sie zahlte lieber dafür, dass Oberdischingen gleich den Prozess, die Haft oder die Hinrichtung mit erledigte. Um diesen Wünschen gerecht zu werden, erbaute Franz Ludwig seine Fronveste – nach damals modernsten Maßstäben. Bald musste sie erweitert werden, denn das ›Geschäft‹ lief allzu gut. Weit über 2000 Personen standen auf den Fahndungslisten der Amtmänner und des Grafen. Immer mehr Staaten nahmen den angebotenen Dienst in Anspruch – der Thurgau beispielsweise war keineswegs der einzige Schweizer Kanton. Natürlich war Franz Ludwig ein, wie wir heute sagen würden, ›Law-and-Order‹-Mann, aber er war kein ›Hardliner‹. Als aufgeklärter Kleinherrscher achtete er auf eine vergleichsweise menschenwürdige Unterbringung, er lehnte die Folter ab und begnadigte die Hälfte der von seinem Gericht zum Tode Verurteilten – wenn auch aus erzieherischen Gründen meist erst in letzter Minute.

EIN GESCHÄFT MIT G'SCHMÄCKLE So sehr er von manchem erleichterten Kleinfürsten, Reichsabt oder Freiherrn und natürlich von vielen Amtmännern mit Lob bedacht wurde, das Anrüchige seines Geschäftes verlor sich trotzdem nie. Die Vorbehalte reichten bis tief in des Grafen Familie hinein. Seine Frau Philippine, geborene von Hutten zu Stolzenberg, hielt rein gar nichts von diesem Treiben, in gehobenem deutsch-französischem Kauderwelsch schrieb sie ihm: »die Vagants gehören nicht zu einem Chevalier, laß er sie endlich laufen. Il est raisonable, auf die Pürsch zu gehen, mais Menschen sind keine Jagdtiere. Niemand versteht Ewr. Liebdens Passion.« Sie hielt sich dementsprechend selten in Oberdischingen auf. Auch seine Söhne zeigten wenig Begeisterung. Sie fürchteten vor allem den wirtschaftlichen Ruin. Denn Franz Ludwig war ein eifriger Bauherr – er baute das kleine Dorf zur Mini-Residenz um – und das Geschäft mit den Gefangenen brachte, anders als erhofft, erst einmal hauptsächlich Kosten. Als es sich langsam zu lohnen begann – insbesondere die Schweizer zahlten gut –, kam auch schon das Ende. Die Herrschaft Oberdischingen fiel durch die napoleonische Neuordnung an das Königreich Württemberg. Dessen autoritärer Herrscher Friedrich, ohnehin kein Freund des Grafen, entzog Franz Ludwig die Gerichtsbarkeit und ging schließlich, als dieser sich wehrte, in einem recht böswilligen Prozess gegen ihn vor. 1808 musste der Malefizschenk seine letzten Gefangenen abgeben. Er wohnte nun selbst in der Fronveste, hatten doch freigelassene rachsüchtige Bandenmitglieder sein Schloss 1807 in Brand gesteckt. Verbittert, verleumdet und verarmt residierte der Henkersgraf bis zu seinem Tod 1821 in seiner eigenen leeren Haftanstalt.

Das besondere Erlebnis

Wie erwähnt war Franz Ludwig zugleich ein begeisterter Bauherr, der aus seinem Residenzdorf ein Schmuckstück zu machen versuchte, das ohnegleichen sein sollte. Man muss sagen, es ist ihm gelungen, Oberdischingen ist ganz sicher etwas Außergewöhnliches. Nicht nur durch Bauten wie die Pfarrkirche, die Fronveste oder Dreifaltigkeitskapelle, sondern insbesondere durch die Anlage der Neuen Gasse und der ihr vorgelagerten Allee. In schönster Symmetrie präsentiert sich die heutige »Herrengasse« noch immer. Ihre beiden Eingangshäuser fielen aus repräsentativen Gründen größer aus, links (von außen kommend gesehen) das Gasthaus Löwen – heute die Sparkasse –, rechts die Hofapotheke. Letztere existierte bis Anfang 2022, während die mit im Haus untergebrachte Eisenwarenhandlung bereits seit Längerem geschlossen hat, was dieser Gebäudehälfte auch deutlich anzusehen ist. Der Henkersgraf wäre *not amused*.

↓↘ Der Henkersgraf wäre sicher nicht angetan vom verwahrlosten Zustand mancher Häuser in der Herrengasse.

Man fragt sich: Felsen, Höhle oder Burg? Genau genommen alles drei.

18

DIE SELTSAMEN BURGEN DER ALB

Schmeien, Hexenturm, Hasenfratz

Die Alb ist Burgenland. Doch manche der mittelalterlichen Bauwerke dort sind etwas anders als gewohnt: Die einen in Höhlen hineingebaut oder fast unerreichbar auf Felsnadeln, die anderen haben sehr, sehr kuriose Namen.

Oberschmeien (Stadt Sigmaringen), Landkreis Sigmaringen (SIG) **Ort** K8208, 72488 Sigmaringen **GPS** 48.100278, 9.148210 (Burg Schmeien) **Anfahrt** Mit dem Zug zum Bahnhof Sigmaringen (RE Donaueschingen–Ulm, RB Aulendorf–Sigmaringen). Mit dem Auto über A7, Ausfahrt Berkheim; A81, Ausfahrt Rottweil

Leibertingen, Landkreis Sigmaringen (SIG) **Ort** Westlich vom Eingang der Burg Wildenstein, 88637 Leibertingen **GPS** 48.05375, 8.998972 (Burg Wildenstein) **Anfahrt** Mit dem Zug zum Bahnhof Beuron (RE Donaueschingen–Ulm). Mit dem Auto über A81, Ausfahrt Tuningen

Gauselfingen (Stadt Burladingen), Zollernalbkreis (BL) **Ort** Wald westlich von Gauselfingen, 72393 Burladingen **GPS** 48.275982, 9.154179 (Burg Hasenfratz) **Anfahrt** Mit dem Zug zum Bahnhof Gauselfingen (RB Sigmaringen–Hechingen). Mit dem Auto über A81, Ausfahrt Empfingen

BURG SCHMEIEN Noch vor einiger Zeit hätte man Burg Schmeien kaum als etwas Besonderes angesehen, eine Anlage auf einem kleinen Plateau namens Burgstall am nördlichen Ortsrand von Unterschmeien, von der wenig bekannt und noch weniger erhalten geblieben ist. Allerdings saß man einem Irrtum auf, der durch den nur scheinbar sprechenden Gemarkungsnamen verursacht worden war. Eine urkundliche Erwähnung aus dem Jahr 1362 hätte bereits stutzig machen sollen: In einer Grenzbeschreibung wird der Verlauf »von Schmychen der Burg gen Undterschmychen« erwähnt, was kaum Sinn ergibt, wenn die Burg direkt neben dem Dorf gelegen hat. Die jüngere Forschung hat folgerichtig herausgefunden, dass sich die Überreste der Burg weiter hinten im Tal befinden, näher an Oberschmeien und nicht auf einem Hügel, sondern darin. Im kleinen Schmeiental, quasi einer Miniaturausgabe des nahen Donautales, hatten sich um 1100 die Herren von Schmeien in einer Höhle über dem Fluss niedergelassen. Die Einbuchtung im Fels war nur gut vier Meter tief und etwa sieben Meter hoch, außen wurde sie vermutlich durch einen Fachwerkbau und eine kleine Ummauerung abgeschlossen. Balkenlöcher verweisen im Inneren darauf, dass zwei Stockwerke existierten. Gleichwohl war die Lage deutlich beeindruckender als die Größe. Als die Burg in der genannten Grenzbeschreibung als Markierungspunkt diente, war sie vermutlich bereits verlassen, in der Folge wird sie nur noch als Burgstall, als abgegangene Ruine, erwähnt. Spärliche Funde weisen auf eine Besiedelung vom 12. bis ins 14. Jahrhundert hin, heute ist Burg Schmeien nur noch als Felsenhöhle mit Kuppel zu sehen – wenn es der Bewuchs zulässt.

RUINE HEXENTURM Wer durch das Donautal fährt oder wandert, dem fällt es hin und wieder schwer, zu entscheiden, ob es sich bei dem Gebilde am Hang um eine bizarre Felsformation handelt oder um die Reste einer Burg. Nun, mancher Rittersmann der Gegend wollte nicht in einer Höhle, sondern hoch oben seine Unterkunft aufschlagen – und deshalb heißt die Antwort gar nicht so selten: beides. Die Burg Wildenstein zählt heute – unter anderem aufgrund ihrer neuen Bestimmung als Jugendherberge – zu den bekanntesten des Donautales und ihre Lage ist zwar herrlich, aber nicht außergewöhnlich. Das pittoreske Panorama um die Burg ist geprägt von einigen Felsnadeln auf der Talseite. Und genau diese wählten mehrere Mitglieder der Familie Wildenstein als Standorte, bevor später die heutige Anlage auf dem bequemeren Felssporn errichtet wurde. Ganze vier Ansitze gruppieren sich direkt um die Feste, der bekannteste und auch erstaunlichste ist der Hexenturm auf einem hochaufragenden dünnen Fels rechts der Wildenstein. Ein genauer Blick zu dessen Spitze lässt auch dem bloßen Auge Mauerreste als Bekrönung erkennen und tatsächlich existieren hier sogar noch Reste eines Kellers und einer Zisterne. Nachdem ein frü-

Übrig geblieben sind jedoch häufig nur die Felsen.

herer Zugang zu der wohl in der ersten Hälfte des 12. Jahrhunderts erbauten Burg verloren gegangen war, schlugen die Bewohner eine enge, steile Treppe in die senkrechte Felswand, deren Stufen teils erhalten geblieben sind. So konnte, wer schwindelfrei war, von der Unteren in die Obere Burg hochsteigen. Die Existenz des gut 30 Meter tiefer liegenden Teils wurde erst im späten 20. Jahrhundert wiederentdeckt. Eine Vorburg machte sich ein kleines Plateau unter dem Felsen zunutze, darüber lag wiederum eine durch Mauern gesicherte Hohle. Der Hexenturm war folglich eine Höhlen- und Felsenburg, wobei die Besitzer wohl im unteren Teil vergleichsweise bequem wohnten, während der schwer zugängliche obere Bereich Bewachungs- und Prestigegründen diente – dies bis ungefähr zum Jahr 1400. Dass dieser uneinnehmbare, fast schon unwahrscheinliche Bau auf der Spitze der Felsnadel zu allerlei Gerüchten und Sagen anregte – wie schon der Name verrät, eingesperrte Hexen sollen dort nach Wegfall der Zugangsbrücke elend verhungert sein – überrascht kaum. Einzigartig war diese aufwendige Art des Burgenbaues im Donautal jedoch nicht: Wie erwähnt waren auch die Spitzen der Nachbarfelsen mit Wehrbauten besetzt, und es finden sich noch weitere solcher Felsburgen in der Region, ein markantes Beispiel ist die Ruine Gebrochen Gutenstein nahe Sigmaringen. Sie ist der seltene Fall einer durch Eroberung zerstörten Ruine in dieser an sich bestens geschützten Lage. Meist rührt der Verfall daher, dass es dort oben auf der Höhe doch irgendwann zu unbequem war und die feinen Herrschaften auszogen.

RUINE HASENFRATZ Auf den ersten Blick ist diese Ruine im Wald oberhalb von Gauselfingen nicht sonderlich spektakulär: Ein hoher dicker Turmrest ragt noch auf, gleich daneben die Überbleibsel eines weiteren Gebäudes mit dünneren, nur noch hüfthohen Mauern, dazu ein paar Gräben und Wälle. Doch das täuscht. Der Felssporn, über den sich das Burggelände zieht, ist über hundert Meter lang, die Anlage war offensichtlich recht groß. Auf dem hinteren Ende finden sich Ziegel und Scherben, dort standen vermutlich Holzbauten. Sie waren allerdings erstaunlich weit weg von den noch sichtbaren Steingebäuden, dem erwähnten Turm und dem anderen Bau, die beide wohl durch eine Mauer verbunden waren, die den Zugang zu dem Plateau abriegelte. Sie stehen noch immer an einem Schuttwall, dem in einigem Abstand davor ein weiterer Wall mit Graben folgt – diese dürften aus vorgeschichtlichen Zeiten stammen, lange vor Entstehung der mittelalterlichen Burg um oder vor 1200. Mitte des 13. Jahrhunderts wurde diese laut archäologischem Befund bereits wieder verlassen. Den Forschern kommt die Gesamtanordnung der Burg reichlich seltsam vor, der vordere und der hintere Teil wirken völlig unverbunden, es gibt weder dazwischen noch an den Außenseiten erkennbare Gebäude- und Mauerreste, wie es eigentlich zu erwarten wäre. Rätselhaft bleibt auch die Geschichte der Burg, über die schriftlich nichts überliefert worden ist. Den heutigen Besucher wird aber natürlich der doch so gar nicht zu einer stolzen Ritterburg passende Name am meisten irritieren: Hasenfratz. Der gilt als eine Verballhornung der Bezeichnung »Burg Frazenhaas« – allerdings ist auch diese nicht historisch, sondern entstammt dem frühen 20. Jahrhundert.

Das besondere Erlebnis

Auf dem Nachbarhügel der Burg Hasenfratz findet sich eine Ruine, die mit ihrer Kollegin einiges gemeinsam hat: Es ist wenig über sie bekannt – weder Besitzer noch sonstige Berichte über ihre Geschichte –, es sind sehr schöne aufragende Mauerreste vorhanden und sie hat ebenfalls einen kuriosen Namen: Leckstein (neuerdings auch Lägstein). Erbaut wohl im frühen 12. Jahrhundert hatte sie nach gut zweihundert Jahren auch schon wieder ausgedient. Im Norden des Burladinger Gemeindegebiets, gut versteckt im Wald, sitzen auf einem einzelnen Felsen die Überreste eines Wohnturms, die Ruine Ringelstein. Sie war wohl gegen Ende des 12. Jahrhunderts erbaut und bis spätestens 1400 aufgegeben worden. Ihr berühmtester Besitzer, Heinrich von Ringelstein, war ein angesehener Heerführer, der vor allem in Italien wirkte, und der zu einem Beinamen kam, den er – und einige seiner Nachfahren – offensichtlich mit großem Stolz trug: Affenschmalz. So auch zu lesen auf seinem Grabstein von 1413 in der Kirche Ebingen.

Das Schmeiental mit dem Hang der Höhlenburg auf der rechten Seite

19

AUF SAND GEBAUT

Die Zementfabrik Rechtenstein

Die Zementfabrik in Rechtenstein war ein großes, aber nur äußerst kurzlebiges Unterfangen. Sie endete in einem Finanzskandal, der Flucht des Besitzers und einer Brandkatastrophe.

Rechtenstein, Alb-Donau-Kreis (UL) **Ort** Brühlhofstraße, 89611 Rechtenstein **GPS** 48.242142, 9.563189 **Anfahrt** Mit dem Zug zum Bahnhof Rechtenstein (RE Ulm–Donaueschingen). Mit dem Auto über A7, Ausfahrt Nersingen (weiter B10, B311)

Die Scheuer des Brühlhofs erhebt sich steinern über der Bahnlinie.

VERGEBLICH Am 7. Januar 1904 warteten zahlreiche Rechtensteiner am Bahnhof auf den Nachtzug. Sie wollten nicht mitfahren, sondern einen Blick auf die Ankunft eines ihrer bekanntesten Mitbürger werfen, des Zementfabrikbesitzers Bernhard Gutmann. Dieser hatte von Stuttgart aus eine Kutsche bestellen lassen, die ihn vom Bahnhof abholen sollte. Doch wer nicht kam, war Gutmann. Die Enttäuschung war groß, vor allem bei den Polizisten, die bereits zur Festnahme des Angekündigten bereitstanden; einmal mehr hatte er die Behörden hinters Licht geführt. Zementfabrikbesitzer war Gutmann zu diesem Zeitpunkt auch nur noch so halb. Teile des Unternehmens hatte er bereits an die Konkurrenz verkauft – und dies nicht einmal ein Jahr nach Eröffnung. Wer heute durch Rechtenstein fährt, mit dem Auto oder noch schöner per Donautalbahn, der nimmt den Ort sicher nicht als Industriestandort wahr, sondern eher als Postkartenidyll. Selbst die verbliebenen Gebäude der einstigen Holzstofffabrik (siehe besonderes Erlebnis) am Wehr fügen sich längst hübsch ein in das Bild von Barockkirche, Burgruine und den Felsen des hier engeren Donautales, unter denen sich das Dorf ausbreitet. Um 1900 sah dieses Bild kaum anders aus, doch nur drei Jahre später war die Silhouette des Ortes markant verändert. Wer von Osten her kam, für den waren die riesigen Gebäude der neuen Portland-Zementfabrik Rechtenstein mit ihrem großen Schlot nicht zu übersehen. Das industrielle Zeitalter hatte im vorher recht ärmlichen Donaudorf reichlich spät Einzug gehalten, doch die Kombination von Wasserkraft, Kalkstein und Holz hatte nun auch hier dafür gesorgt, das Interesse auswärtiger Unternehmer zu wecken. Zwei Göppinger brachten unabhängig voneinander Ideen auf, um die vorhandenen Ressourcen zu nutzen. Hermann Krum erwarb 1900 im Ort die Getreidemühle mit dem Plan, dort eine Holzstofffabrik aufzubauen, die einen Grundbestandteil zur Papierherstellung liefern sollte. Der Standort war dank der Energiegewinnung durch die Donau und den Bahnanschluss attraktiv, doch Krum verlor nach einiger Zeit das Interesse. Er verkaufte seine bereits erworbenen Rechte an Jakob Kraemer, der 1906 das gesamte Vorhaben erfolgreich in die Tat umsetzte. Mit der Holzstofffabrik nahm der früher geplante, aber später entstandene zweite große Industriebetrieb in Rechtenstein die Arbeit auf.

Die Reste des Zementwerks verstecken sich im Wald.

DAUERHAFT WIE ZEMENT? Der andere Göppinger, der ein Auge auf Rechtenstein geworfen hatte, war Bernhard Gutmann. Dieser entstammte einer Unternehmerfamilie, seine Brüder besaßen eine Textilfabrik,

Moderne Technik für die Energieversorgung in historischem Gewand

doch Bernhard erkannte das Potenzial eines anderen Industriezweiges, der im Donautal bereits Wurzeln geschlagen hatte. Die Baufreudigkeit der Gründerzeitjahre hatte zu einem hohen Bedarf an Zement geführt – und hierfür wäre Rechtenstein ideal: Energie lieferten die Wasser der Donau, der Transport war dank der Bahn problemlos – Argumente wie bei der Holzstofffabrik –, dazu kamen Kalksteinbrüche in unmittelbarer Nähe. Gutmann kleckerte nicht. 1901 hatte er den Brühlhof erworben, einst in den Händen Obermarchtals, später Besitz der Herren auf Rechtenstein, daneben ließ er sich, wie es einem Fabrikinhaber anstand, eine eigene Villa errichten, im damals modernen historistischen Stil. Imposanter aber waren die Gebäude des Unternehmens selbst, die er nun, nach schnell erfolgter Genehmigung durch die Behörden in Ehingen, errichten ließ. Über mehrere hundert Meter zogen sich die Bauten in Abschnitte gestaffelt den Hang hoch, überragt vom Schlot des zentralen Ringofens. Zum Umfeld der Zementfabrik gehörten eine mit dem Hauptbau verbundene gut vierhundert Meter lange Drahtseilbahn im Nordwesten zum nächstgelegenen Steinbruch, ein direkter Bahnanschluss in Normalspur im Tal und das Kraftwerk Alfredstal bei Obermarchtal, für das ein langer Kanal ausgegraben werden musste. 1901 hatte Gutmann die Genehmigung beantragt, im Frühjahr 1903 startete der Betrieb. Gut hundert Arbeiter aus Rechtenstein und Umgebung fanden hier ihr Auskommen, aber auch Zugewanderte aus Italien, die schon beim Bau mitgeholfen hatten. Gutmann herrschte patriarchalisch über seinen Betrieb, gewerkschaftliche und sozialdemokratische ›Umtriebe‹ wurden unterdrückt, die Arbeitsverhältnisse waren recht hart. Aber es lief trotzdem nicht. Gutmann war zu spät dran, der große Zementboom der Vorjahre war schon vorbei.

SKANDALE IN RECHTENSTEIN Am 5. Januar 1904 wurde Leopold Gutmann, der Bruder Bernhards, in Göppingen festgenommen. Mit seiner Inhaftnahme flog ein ganzes System erst auf und nun auseinander, das an die Finanzskandale des 21. Jahrhunderts erinnert. Die Gebrüder Gutmann hatten für ihr kleines Firmenimperium, bestehend aus der Textilfabrik und den Zementbetrieben, in Nürtingen und Rechtenstein eine Art Scheinbank gründen lassen, die es ihnen ermöglichte, sich gegenseitig Kredite zuzuschieben. Die Gutmannschen Unternehmen waren folglich nicht auf solidem Zement, sondern auf Sand gebaut, genauer gesagt auf Luftbuchungen. Bernhard Gutmann ahnte das baldige Ende des Konstrukts und nahm noch kurz vor Aufdeckung Kontakt zum Marktführer, den Heidelberger Cementwerken, auf, um den Rechtensteiner Betrieb loszuwerden. Angesichts des hohen Kaufpreises zögerte man dort, nahm aber Gutmann immerhin schon einmal die vorhandenen Vorräte an Zement ab. Dieses Geld reichte dem Unternehmer, um sich nach Festnahme des Bruders schleunigst zu verdrücken. Er begann ein Katz-und-Maus-Spiel mit der Polizei, mehrfach führte er Täuschungsmanöver in der oben berichteten Art durch – mit Erfolg. Die Behörden wurden seiner nicht habhaft und bis heute ist unklar, wo er sich versteckte, angeblich gesehen wurde er in den USA und Griechenland. Vielleicht war er aber auch nie außer Landes gewesen, er starb nachweislich 1919 in Berlin. Seine Villa übernahm Holzstofffabrikant Kraemer, das Werk die Heidelberger Konkurrenz. Glück war ihm weiterhin nicht beschieden: Im Oktober 1904 zerstörte ein Großfeuer beträchtliche Teile der Gebäude, offiziell ein technischer Defekt, doch auch Gerüchte über Brandstiftung gingen um. Statt einem Wiederaufbau erfolgte der Abbruch. Obwohl also die Portland-Zementfabrik nur gut zwei Jahre existierte und schon seit fast 120 Jahren Geschichte ist, sind ihre Überreste beachtlich. Das Rechtensteiner Postkartenidyll stören sie allerdings nicht: Sie sind mit einem schützenden Wäldchen regelrecht verwachsen.

Das besondere Erlebnis

Die Gleise der einstigen Rollbahn von der Holzstofffabrik bis zum Bahnhof und zum Lagerplatz der Firma sind noch immer vorhanden und führen gut sichtbar am Rande der Bahnhof- bzw. Hayinger Straße entlang, wenn auch teils eingewachsen. Die E-Lok fuhr hier von 1922 an zwischen Fabrik und Verladestelle hin und her. 1993 allerdings wurde das Unternehmen – als letztes seiner Art in Westeuropa – geschlossen, das Bähnchen überdauerte jedoch noch einige Jahre im Freizeitbetrieb. Nahe dem Bahnhof sind einige Wagen ausgestellt.

Einige vor sich hin rostende Wägelchen der einstigen Rollbahn.

Mitten unter uns: die Adlerbrauerei mit geheimnisvollem Untergrund

20

UNTER DEM UNTEREN WIRT

Der Erdstall in Ringingen

Bekannt sind sie vor allem aus Bayern und Österreich, doch auch Ringingen besitzt einen gut verborgenen Erdstall. Nicht bekannt dagegen ist, wozu diese geheimnisvollen unterirdischen Gänge eigentlich dienten.

Ringingen (Stadt Erbach), Alb-Donau-Kreis (UL) **Ort** Ortsstr. 10, 89155 Erbach **GPS** 48.343630, 9.814173 **Anfahrt** Mit dem Zug zum Bahnhof Erbach (Württ.) (RB Ulm–Biberach). Mit dem Auto über A7, Ausfahrt Nersingen

densee (nachzulesen in *Lost & Dark Places Bodensee*). Voraussetzung ist ein geologisch geeignetes Gestein, in das sich gut Gänge graben lassen, die wiederum stabil genug sein müssen. Die Erdstallsysteme sind zwar nie sehr groß, aber von professioneller Bauart: Bearbeitungsspuren von Werkzeugen und die oft spitz, manchmal rund zulaufenden Gewölbe sowie das Fehlen zusätzlicher Stützmaßnahmen weisen auf Experten aus dem Bergbau hin, die hier bei der Arbeit waren. Die Gänge sind meist sehr schmal, nur für eine Person gedacht, und bestenfalls bis zu 1,80 Meter hoch. Für eine durchdachte Planung spricht auch die oft komplexe Anordnung: So gibt es mehrstöckige Erdställe oder solche mit zahlreichen Verzweigungen, viele besitzen ein oder mehrere »Schlupflöcher«, sehr enge, oft kaum vierzig Zentimeter große Durchgänge. Datieren können die Forscher das Phänomen anhand weniger Funde und noch weniger schriftlicher Erwähnungen immerhin einigermaßen: Sie sind Erzeugnisse des Hochmittelalters, um 1100 entstanden und in den meisten Fällen ab dem 14. Jahrhundert langsam aufgegeben. Warum ihre Zeit damals vorbei war, ist dagegen unklar. Noch mehr aber, worin ihr eigentlicher Zweck bestanden hatte. Lediglich Keller- und Lagerräume waren sie sicher nicht. Die Hauptvermutung, es handele sich um Fluchtorte für die unsicheren Zeiten auf dem Land, hat einiges für sich, aber die engen, dunklen Verhältnisse, nur wenigen Personen Aufenthalt gewährend, sowie die eigentlich erwartbaren, aber sehr seltenen Funde, machen auch gegenüber dieser Hypothese skeptisch.

IM UNTERGRUND Sie gehören zu den großen Rätseln der Mittelalterforschung: die sogenannten Erdställe. Der Ausdruck, der selbst bereits aus dem Spätmittelalter stammt, hat nichts mit Viehhaltung zu tun, sondern ist mit unserem heutigen Wort »Stelle« verwandt. Gemeint sind nur versteckt zugängliche unterirdische Ganganlagen, die sich überwiegend in ländlichen Gebieten unter Höfen, gelegentlich auch unter Amtsgebäuden oder Kirchen finden. Verbreitet sind Erdställe vor allem im östlichen Bayern, in Österreich und Tschechien, doch insgesamt wurden in ganz Europa solche oder ähnliche menschengemachte Gangsysteme entdeckt. Verwandt sind womöglich auch die »Heidenhöhlen« am westlichen Bo-

UNTER ADLERS FITTICHEN Zwar liegt er in keinem der typischen Verbreitungsgebiete, doch weist der Erdstall unter dem Unteren Wirt in Ringingen, dem Gasthaus Adler, zahlreiche der genannten Merkmale auf. Tief verborgen auf dem Gelände der ehemaligen Brauerei ist dort ein gar nicht so kleines Gangsystem in das sandartige Gestein eingegraben. Unter anderem kann es die klassische spitze Wölbung und zahlreiche sogenannte Sitznischen aufweisen, Einbuchtungen, die jedoch, trotz ihres Namens, meist nicht genügend Platz oder Höhe für bequemes Sitzen ermöglichen. 13 Meter reicht der Gang, bevor er nach neun Metern abknickt, um am Ende nach einem 90-Grad-Winkel wiederum in eine kreuzförmige Kammer zu führen. Apropos Kreuz: Solche finden sich mehrfach eingeritzt in die Wände, selbst Figuren sollen zu erkennen sein. Einige dieser Graffiti stammen aber aus deutlich späteren Zeiten. Gefunden wurden auch die eingravierten Jahreszahlen 1638, 1794, 1807 und 1865, bis auf Letzteres jeweils Kriegszeiten. Womöglich hat man den Erdstall zu dieser Zeit als Versteck reaktiviert. Die naheliegende Nutzung als Bierkeller unter dem Brauereigasthof, der seit dem 17. Jahrhundert existierte, ist wohl nur bedingt erfolgt, vielmehr haben Erweiterungsbauten des Adlers des Öfteren zu Zerstörungen der Gesamtanlage geführt, die später unzugänglich geworden war und in Vergessenheit geriet. Die Wiederentdeckung des Eingangs 1949 erfolgte ebenfalls im Rahmen von Umbaumaßnahmen an der Brauerei und hatte nachteilige Wirkung auf den Erdstall, der einmal mehr unter den Eingriffen zu leiden hatte. Und womöglich stehen die nächsten Bauarbeiten bereits wieder an: Der Adler steht seit einigen Jahren leer, die Umwandlung des ehemaligen Gasthauses in Wohnungen ist geplant.

Das besondere Erlebnis

Über Jahrhunderte war der Obere Wirt im »Hirschen« der natürliche Konkurrent, doch nicht selten zugleich mit dem Unteren Wirt familiär verbunden. Noch vor diesem braute der erste Obere Wirt – illegal – Bier, bereits ab ca. 1715 existierte das günstig bei der Kir-

che gelegene Gasthaus. In seinen letzten Jahren kam es zu häufigen Besitzerwechseln, 2007 erwarb die Stadt Erbach das Anwesen und ließ es abreißen. Entstanden ist dort die Neue Dorfmitte, ein Gemeinschaftshaus, das mit einer integrierten Bäckerei und Metzgerei zumindest bedingt die frühere Verköstigungstradition aufrechterhält.

Als Lagerplatz war die angebaute Scheune sicher besser geeignet als der Erdstall.

21

AUF HALBER STRECKE

Die Zollernalbbahn Balingen–Schömberg–Rottweil

Die Freude war meist geteilt: Während der Abschnitt Balingen–Schömberg früh fertig wurde und bis in die Gegenwart besteht, hatte die Strecke Schömberg–Rottweil stets um ihre Existenz zu kämpfen. Bis heute.

Rottweil, Landkreis Rottweil (RW) **Ort** Unteres Bohrhaus 1, 78628 Rottweil (Saline) **GPS** 48.147242, 8.646694 **Anfahrt** Mit dem Zug zum Bahnhof Rottweil (IC, RB Blumberg/Zollhaus–Rottweil). Mit dem Auto über A81, Ausfahrt Rottweil oder Villingen–Schwenningen

Der Viadukt musste zugunsten der Gäubahn einen Bogen abtreten.

HALB UND HALB Seit den 1870er-Jahren hatten die Amtsstädte Balingen und Rottweil Eisenbahnanschluss, wodurch sich die Idee, die beiden durch eine Strecke über die Schwäbische Alb zu verbinden, regelrecht aufdrängte. Zumindest in den Dörfern und Städten, die an einer solchen liegen würden, war die Gegend doch insgesamt etwas kärglich, Industrie fehlte noch, die Menschen lebten mühsam von Landwirtschaft und Handwerk. Die Anbindung an die Städte mit ihren Gewerben und Fabriken würde die dortigen Arbeitsplätze zugänglich machen, und, so die Hoffnung, auch Firmen und ebenfalls Touristen hierher locken (siehe 9) – waren doch für Letztere etwa die Tausender der nördlichen Alb oder die Burg Hohenzollern attraktiv. So richtig ins Rollen kam die Initiative der Gemeinden rund um die Stadt Schömberg jedoch erst mit der Jahrhundertwende. Der Staat – in diesem Fall das Königreich Württemberg – hatte sich größtenteils aus dem Bau neuer Strecken zurückgezogen, förderte aber durchaus das Anlegen neuer Trassen durch private Betreiber. Als solche zeigte sich die Württembergische Eisenbahn-Gesellschaft (WEG) interessiert. Ganz einig war man sich aber in den frisch gegründeten Eisenbahn-Komitees der Städte Balingen und Rottweil nicht. Während Ersteres sich mit dem Vorschlag der WEG einverstanden erklärte, vorerst eine Stichbahn nur bis Schömberg zu schaffen, drängte Rottweil verständlicherweise darauf, sofort die Gesamtstrecke in Angriff zu nehmen. Dies würde auch über die Lage des Schömberger Bahnhofs entscheiden, der je nachdem im Tal oder näher an der Stadt platziert werden müsste. Durch das plötzlich wieder erwachte Interesse des Staates, der damit die WEG ausbootete, gerieten die Pläne erneut ins Stocken, doch letztlich zeichnete sich ab 1907 ab, dass die Verbindung kommen würde – jedoch nur von Balingen bis Schömberg. Und tatsächlich fuhr auf dieser Stecke 1911 der erste Zug.

SCHWIERIGER AUFBAU Das war aus Sicht des Rottweiler Abschnitts ärgerlich, zugleich aber überzeugte der Erfolg des östlichen Teiles die Regierung, nun doch umgehend den Ausbau bis zur Neckarstadt vorzunehmen. Die Trasse sollte über Schörzingen und Wellendingen führen, das Gelände war geologisch anspruchsvoll, einige kleinere Brücken und größere Viadukte waren vonnöten, doch 1914 ging es endlich los mit den Bauarbeiten – die nach wenigen Monaten eingestellt wurden. Der Erste Weltkrieg war ausgebrochen.

Fünf Jahre Stillstand auf der Baustelle führten nach der Wiederaufnahme des Projekts nur in die nächsten Turbulenzen. Aufgrund der erwähnten geologischen Verhältnisse war das Fortkommen ohnehin mühsam, bis 1923 war man erst bis Wellendingen vorgedrungen. Dann wurde der Bau erneut gestoppt. Die Inflation erschütterte die inzwischen zuständige Reichsbahn. Das gesamte Vorhaben stand auf der Kippe und drohte unvollendet zu bleiben. Erst scharfe Proteste der betroffenen Gemeinden, unterstützt vom Stuttgarter Landtag, ermöglichten 1926 die Wiederaufnahme der Bauarbeiten. Am 25. Oktober 1928 dampfte dann endlich die erste Bahn von Rottweil aus nach Schömberg. 27 Jahre waren seit den ersten Gesuchen an die Regierung vergangen, 17 seit der Eröffnung des Balinger Streckenteiles. Das war nun vergessen, die neue Bahn wurde gut angenommen, die einstigen Hoffnungen auf besseren Anschluss an die Städte und die Ansiedlung von Gewerbe erfüllten sich durchaus. Ein dunkles Kapitel dagegen war die Rolle der Strecke im »Wüste«-Projekt des Dritten Reiches (siehe 23), als mehrere Anschlüsse an die Konzentrationslager und Fabriken zur Ölschiefergewinnung geschaffen wurden, die nach Kriegsende jedoch schnell wieder verschwanden. Doch das Verschwinden drohte bald auch der Hauptstrecke – oder doch zumindest einem Teil von ihr. Die nun Deutsche Bundesbahn begann bereits zu Wirtschaftswunderzeiten ihre eigenen Nebenstrecken infrage zu stellen. Und tat so einiges, um sich selbst erfüllende Prophezeiungen zu kreieren. An sich war die Verbindung nämlich weiterhin beliebt.

Fast schon ein kleiner Mini-Tunnel ist diese Bahnbrücke.

SCHNELLER ABBAU Negativ wirkte sich zwar auch der ansteigende Besitz von privaten PKW aus, hinzu kam aber seit den 1950er-Jahren eine Buslinie, die parallel die Ortschaften abfuhr. Eingerichtet hatte diese niemand anderes als die Bahn selbst. Da somit die Fahrgastzahlen nun tatsächlich merklich abnahmen, drängte sie im kommenden Jahrzehnt immer stärker auf eine Stilllegung der Strecke für den Personenverkehr – der Gütertransport florierte weiterhin. Durchsetzen konnte sich der Staatsbetrieb hiermit erst einmal nicht, verschärfte aber die Situation durch zunehmende Passivität: Immer weniger Züge wurden eingesetzt, Neuinvestitionen in die alternde Strecke dagegen ausgesetzt. 1971 war das Ziel erreicht: Der Personenverkehr von Balingen nach Rottweil wurde eingestellt. Für den westlichen Abschnitt kam es – wieder einmal – noch schlimmer. Ihn ließ die Bahn sofort komplett abtragen. Die Gleise verschwanden, die Brücke bei Wellendingen wurde gesprengt und die Bahnhofsgelände größtenteils verkauft. Das Wahrzeichen der

Der Primtalviadukt steht etwas verloren in der Landschaft herum.

Strecke, der schlanke Viadukt über das Primtal kurz vor Rottweil, stand plötzlich funktionslos in der Landschaft. Einen seiner Bögen musste er zudem später der querenden Gäubahn opfern. Ansonsten zeichnet sich der Bahndamm in weiten Teilen noch immer sichtbar ab, beginnend hinter dem Prellbock des Bahnhofs Schömberg. Bis hierher fand weiterhin Güterverkehr statt, ebenfalls kritisch beäugt von der Bahn, die immer wieder auch die Stilllegung des östlichen Teils ins Gespräch brachte. Doch es kam anders: Die Strecke wurde durch einen privaten Betreiber übernommen, der an den Wochenenden im Sommerhalbjahr wieder Personenzüge einsetzte. Sogar eine neue Haltestelle am Schömberger Stausee wurde geschaffen. Wie einst schien der Ostabschnitt einfach mehr Glück zu haben. Doch es tut sich etwas. Mit einem Programm zur Wiederinbetriebnahme stillgelegter Strecken aus dem Jahr 2020 rückte die Reaktivierung auch des westlichen Teiles wieder ins Rampenlicht. Die Landesregierung setzte die Zollernalbbahn Balingen–Rottweil mit auf die Prioritätenliste und hat eine Machbarkeitsstudie in Auftrag gegeben. Eine Renaissance der Verbindung rückt in den Bereich des Möglichen, wird aber im Falle einer Zusage wohl noch viele Jahre in Anspruch nehmen. Aber das ist man ja von früher gewohnt.

Das besondere Erlebnis

In unmittelbarer Nachbarschaft des Primtal-Viadukts stehen die auffälligen Gebäude der einstigen Rottweiler Saline. 1824 wurde in über 110 Meter Tiefe ein Salzstock entdeckt, der fortan mithilfe von Wasserkraft angebohrt und ausgebeutet werden konnte. Erst 1969 schloss die Saline Wilhelmshall ihre Pforten. Ein Großteil der Bauten aus den Gründungsjahren ist noch erhalten, dank der Übernahme durch einen Verein konnte dort ein Museum eingerichtet werden, das sich der Geschichte der Salzförderung in der Region widmet. Öffnungszeiten: Mai bis Oktober, jeweils an Sonn- und Feiertagen von 14:30 bis 17:00 Uhr.

Architektonisch gelungen, vom derzeitigen Zustand dagegen eher nicht.

22

DEN FADEN VERLOREN

Das Schachenmayr-Areal in Salach

Vor fast genau zweihundert Jahren entstand im Filstal eine Wollspinnerei. Innovative Ideen ließen die Firma Schachenmayr zum internationalen Star aufsteigen. Heute existiert nur noch der Name, am Gründungsort wird eine andere Zukunft geplant.

Salach, Landkreis Göppingen (GP) **Ort** Eduardstr. 59, 73084 Salach **GPS** 48.688374, 9.740030 **Anfahrt** Mit dem Zug zum Bahnhof Salach (MEX Stuttgart–Ulm). Mit dem Auto über A8, Ausfahrt Mühlhausen

Der Name war Programm:
Die Erzeugnisse aus Salach waren mottenfest.

DU KRIEGST DIE MOTTEN An der Fassade ist sie noch gut lesbar, die hauseigene Werbung für »Nomotta«, eine Erfindung des Jahres 1927, die international für Furore sorgte. Der italienisch angehauchte Name verriet es: Der Salacher Firma Schachenmayr war es gelungen, ein Wollgarn herzustellen, das den lästigen Tierchen die Freude am Fressen von Kleidung nahm. Informiert wurde die Kundschaft hierüber in der *Schachenmayrin*, dem im Jahr zuvor erstmals veröffentlichten Magazin, das mit Tipps, Werbung und Strickanleitungen nicht minder einschlug – es erreichte eine Millionenauflage, wurde bald sogar im Ausland aufgelegt. Es lief also gut für das zu diesem Zeitpunkt bereits über hundert Jahre alte Unternehmen im Filstal. 1822 von Johann Gottfried Kolb gegründet, 1835 von dessen Mitarbeiter und Schwiegersohn Leonhard Schachenmayr übernommen, blieb die ursprüngliche Wollspinnerei fortan in Familienbesitz, begründete die Industrialisierung in Salach und wurde größer und größer. Dazu trug der Anschluss an die Bahn 1847 bei, in rasanten Schritten expandierten die Arbeiterzahlen – aber auch das Gelände zwischen der Strecke Stuttgart–Ulm und der Fils. 1895 zählte man gut fünfhundert Schachenmayr-Betriebsangehörige, die Fertigstellung des imposanten Fabrikgebäudes mit Turm erfolgte kurz darauf. 1907 hatte sich die Zahl der Arbeiter verdoppelt, in kurzem Abstand kamen die von renommierten Architekten entworfenen Großbauten, 1920 durch Richard Döcker und 1935 durch Hugo Schlösser, hinzu. »Nomotta« war international gefragt. In der Nachkriegszeit gelang Schachenmayr noch einmal ein Coup, unter Verwendung von Nylon konnte die Haltbarkeit des Garns vervierfacht werden, ein weiterer Verkaufsschlager aus Salach ging um die Welt.

GANZ SCHÖN FAD Schachenmayr war folglich ein bekannter Name – was allerdings nur ihn rettete, nicht aber das dahinterstehende Unternehmen, das den Weg fast aller deutschen Textilfirmen ging (siehe 25). 1984 war mit der Übernahme durch eine englische Firma Schluss mit dem historischen Betrieb, ein anhaltender Schrumpfungsprozess setzte ein, der in den Folgejahren nur zeitweise durch den Bau neuer Großlager gestoppt werden konnte. Während die inzwischen nächsten Eigentümer des Namens fortlaufend neue Schachenmayr-Produkte präsentierten, zogen auf dem Salacher Areal quasi die Motten ein. Überwiegende Teile standen leer und gaben bald kein schönes Bild – etwa für vorbeifahrende Bahnreisende – mehr ab. Ideen für eine Wiederbelebung waren anfangs rar. Bewegung kam in die Angelegenheit, als die Gemeinde – trotz 8000 Einwohnern ist Salach offiziell weiterhin ein Dorf – sich mit den Eigentümern des Geländes zusammentat, um einen Wettbewerb für eine nachhaltige Zukunft des neu zu schaffenden Viertels auszurufen. Erhalten bleiben werden in jedem Fall die drei zentralen und denkmalgeschützten Fabrikgebäude, denen wichtige Funktionen im »Quartier Mühlkanal« zukommen sollen. Die östlich gelegenen Fabrikbauten sind dagegen bereits verschwunden, was den derzeitigen Zustand einer großen Industriebrache noch verstärkt. Zum Ende des Jahrzehnts soll aus diesen Lost Places aber ein womöglich preisgekröntes Wohn- und Geschäftsviertel entstanden sein. »Ist der Bau an sich schon als ein architektonisch eindrucksvoller und klar seine Bestimmung widerspiegelnder Industriebau anzusehen, so bekommt er durch die Lage inmitten einer Vorgebirgslandschaft von ungewöhnlicher Lieblichkeit noch einen besonderen Reiz«, schrieb 1935 ein Architekturkritiker über Schlössers neues Spinnereigebäude. 2035 könnte der Satz wieder stimmen.

Das besondere Erlebnis

Derzeit ist das Schachenmayr-Areal noch der auffälligste Lost Place direkt an der Bahnstrecke, doch zwischen Uhingen und Eberbach entdecken Kenner sogleich die markant heruntergekommen Überreste einer großen Gärtnerei. Die Anlage mit den zahlreichen ruinösen Gewächshäusern liegt gegenüber der Uhinger Kläranlage und in Nachbarschaft des Epplesees an der Fils. Statt Gemüse und Blumen wächst dort inzwischen allerdings nur noch Unkraut.

Für vorbeifahrende Zugreisende ist das Firmengelände momentan keine Werbung.

23

TÖDLICHER WAHN

Das Projekt »Wüste«

Mit fortschreitendem Kriegsverlauf wurden die Energiereserven des Nazi-Regimes knapp. Als Alternative sollten die Ölschiefervorkommen der Schwäbischen Alb ausgebeutet werden. Ein sinnloses und grausames Experiment.

Eckerwald (Stadt Schömberg), Zollernalbkreis (BL) **Ort** An der K7516, 72355 Schömberg **GPS** 48.180116, 8.720369 **Anfahrt** Mit dem Zug zum Bahnhof Rottweil (IC, RB Blumberg/Zollhaus–Rottweil); Bahnhof Schömberg (Balingen–Schömberg; im Sommer an Wochenenden). Mit dem Auto über A81, Ausfahrt Rottweil

Die Überreste der Anlagen verteilen sich über ein großes Areal.

WÜSTE Es war von vorneherein klar, dass dieses Projekt aussichtslos sein würde, aber umgesetzt wurde es trotzdem – auf Kosten Tausender Menschenleben. Erste, frühe Ideen in den 1930er-Jahren, sich die vorhandenen Ölschiefervorkommen der Schwäbischen Alb für die Treibstoffgewinnung zunutze zu machen, wurden noch realistisch betrachtet und deshalb verworfen. Der sogenannte Posidonienschiefer des Schwarzen Jura enthielt zwar Bitumen und somit Öl, die Mengen waren allerdings minimal und die Verfahren zur Abschöpfung unausgereift und wenig effizient. Doch ab dem Jahr 1943, als der Verlust eroberter Ölfelder in Osteuropa drohte, dazu durch Luftangriffe der Alliierten zahlreiche Raffinerien in Deutschland schwere Schäden davontrugen und sich folglich ein gravierender Treibstoffmangel allerorten abzeichnete, wurden selbst vage Möglichkeiten zur Herstellung von Öl plötzlich wieder attraktiv. Da die Wirtschaft vollkommen der Rüstung untergeordnet worden war, traten nun gleich mehrere Stellen auf den Plan, die sich an die einst verworfenen Ideen von der Ölschiefergewinnung auf der Alb zur Aufrechterhaltung der Versorgung der Wehrmacht erinnerten. Unter Schirmherrschaft von Speers Rüstungsministerium, Görings Luftwaffe und der SS traten verschiedene Versuchsgesellschaften an, die anfangs unabhängig voneinander die Ausbeutung der marginalen Ölvorkommen vornehmen wollten. In Frommern trat die LIAS-Ölschiefer-Forschungsgesellschaft auf, in Schörzingen die Kohle-Öl-Union und in Schömberg die Deutsche Ölschiefer-Forschungsgesellschaft. Sie alle erprobten verschiedene neue Verfahren, Öl aus dem Schiefer zu gewinnen, die Methoden waren ähnlich: In einer Art Meilerverfahren wurde der gewonnene Schiefer bedeckt, entzündet und durch das Schwelen das Öl gewonnen. Die Technik war noch größtenteils unerprobt, nicht sonderlich effizient und noch weniger ertragreich. Gleichwohl wurden in sie große Hoffnungen gesetzt, obwohl das nur in geringem Maße gewonnene Endprodukt als Treibstoff nur für sehr wenige Fahrzeuge genutzt werden konnte. Doch als die Energiesituation des Reiches immer prekärer wurde, forcierte Berlin noch einmal die Ausbeutung aller möglichen Ressourcen und unter dem Namen »Wüste« wurde die Ölschiefergewinnung auf der Alb zusammengefasst und zugleich erweitert.

In der Ruine wird über das Schicksal der Gefangenen informiert.

NUMMER 10 Insgesamt entstanden zehn verschiedene Teilobjekte des »Wüste«-Programmes, alle in der Nähe der Bahnlinie Balingen–Rottweil (siehe 21). Durchführbar war dies auch, weil die SS billige Arbeiter zur

Dasselbe Gebäude von außen.
In Betrieb ging die Fabrik nie.

Verfügung stellte: KZ-Häftlinge. Ausgehend vom elsässischen Hauptlager Natzweiler wurden nach und nach mehrere Außenstellen auf der Alb errichtet, insgesamt sieben Konzentrationslager in verschiedenen Größen entstanden nahe den Abbauplätzen und Fabriken. Generell galt: Je größer die bald ohnehin völlig überbelegten Lager wurden, desto schlimmer die dortigen Verhältnisse. Exemplarisch war das KZ Schörzingen, entstanden im Januar 1944 zur Versorgung der dortigen Werke der Kohle-Öl-Union, die hier die Ölumwandlung mittels unterirdischer Stollen testete. Wie in den anderen Lagern in Frommern, Bisingen, Erzingen, Schömberg, Schörzingen, Dautmergen und Dormettingen waren die Häftlinge für den Bau des Lagers selbst, der SS-Gebäude, der Infrastruktur (Wege und Feldbahnen) und natürlich der Fabrikbauten zuständig. Mit der Zusammenfassung zum übergeordneten »Wüste»-Projekt wurden die Verhältnisse noch extremer. Anfangs für vierhundert Gefangene ausgelegt, pferchte die SS z. B. in Schörzingen zu Höchstzeiten gut 1080 Häftlinge ein, die hygienischen Umstände waren katastrophal, die Ernährung schlecht, die medizinische Versorgung minimal. Obwohl es an sich um die Behebung der wirtschaftlichen Misere zur Vermeidung der militärischen Niederlage ging, stand die Herrenmenschen-Ideologie der Nationalsozialisten weiterhin über der Effizienz: Selbst eine geringfügig humanere Behandlung der KZ-Insassen kam im Weltbild der Lagerführung nicht vor. Am deutlichsten zeigte sich dies beim Bau des »Wüste«-Projektes Nummer 10, einer Fabrik zur Ölschiefergewinnung im Eckerwald beim Örtchen Zepfenhan. Ein Großteil der Schörzinger Häftlinge musste täglich zur vier Kilometer entfernten Baustelle laufen, dort zumeist zwölf Stunden schuften und abends den Weg wieder zurückgehen, um dort dann durch Appellstehen und ähnliche Schikanen noch einmal zusätzlich gequält zu werden. Da es im Herbst zu heftigen Regenfällen kam, hatte sich das Areal im Eckerwald in eine Schlammgrube verwandelt, fertiggestellt wurde die Fabrik ohnehin nie. Von den zehn Wüste-Anlagen gingen schlussendlich nur vier provisorisch in Betrieb, der Ertrag an Öl war geradezu lächerlich.

Besucher können die Ruinen mit gebotener Vorsicht erkunden.

AM ENDE Im April 1945 wurde das »Wüste«-Programm offiziell eingestellt, die alliierten Armeen standen gewissermaßen bereits vor den Fabriktoren. Gnädiger stimmte dies die SS nicht, die überlebenden KZ-Insassen wurden oft noch kurz zuvor auf Todesmärsche Richtung Süden geschickt, teils konnten sie erst am Bodensee oder in Tirol befreit werden. Insgesamt waren im Laufe der Zeit an die 12 500 Häftlinge in die sieben Alb-KZ

Verseuchung und Verdrängung sorgten für den Bestand der Fabrikruine.

gebracht worden, wovon über 3800 verstarben – dabei handelt es sich allerdings nur um die offiziell registrierten Toten, die eigentliche Opferzahl dürfte noch höher liegen, da beispielsweise viele Kranke kurz vor ihrem Tod weggeschafft wurden. Die französische Militärregierung übernahm die bereits fertigen Ölgewinnungsanlagen und versuchte, diese in den Folgejahren zu nutzen, sah aber ebenfalls bald die Sinnlosigkeit dieses Unterfangens ein. Die diversen Konzentrationslager an den Ortsrändern wurden eingelegt, umgebaut oder umgewidmet, teils sind sie heute noch in wenigen Restbeständen vorhanden. Ein besonderes Schicksal erwartete die Überreste der nie vollendeten »Wüste«-10-Fabrik im Eckerwald. Da dort das komplette Umfeld – Böden, Gewässer, Luft – so verseucht war, das nicht einmal an einen Abriss gedacht werden konnte, blieben die Ruinen bestehen. Ein dort gepflanzter Wald über- und verdeckte bald die Bauten und die Erinnerung. Erst eine örtliche Initiative sorgte seit der Mitte der 1980er-Jahre für den Erhalt der überwucherten Mauern, vor allem aber für eine Wiedererinnerung an das dortige grausige Geschehen und die vielen Opfer aus ganz Europa, die für die Wahnideen der nationalsozialistischen Herrscher verschleppt und geschunden wurden und im schlimmsten Fall ihr Leben lassen mussten.

Das besondere Erlebnis

Zu den weiteren Gedenkstätten zählen die KZ-Friedhöfe von Schörzingen und Schömberg, die beide auf Druck der französischen Armee unmittelbar in der Nachkriegszeit errichtet wurden. In Schörzingen befindet er sich nahe des früheren Lager- und Fabrikgeländes, in Einzelgräbern wurden hier die Toten aus einem Massengrab beerdigt. Auf dem Friedhof Schömberg, dem größten in Baden-Württemberg, liegen über 1770 Tote aus den KZ Schömberg und Dautmergen begraben, an die ein modernes Mahnmal, eine weitere Stele für die jüdischen Opfer sowie ein Informationsbereich erinnern. Ein dritter KZ-Friedhof, ebenfalls auf französische Initiative zurückgehend, wurde in Bisingen geschaffen (www.eckerwald.de).

Vor die alte Burg (links) wurde der Renaissancebau gesetzt.

24

FAMILIENKATASTROPHEN

Ruine Schülzburg

Sie war die einzige vollständig erhaltene und bewohnte Burg im Lautertal. Bis 1884. Dann brannte die Schülzburg ab. Es war nur ein weiterer tragischer Höhepunkt im Abstiegsdrama der adeligen Besitzerfamilie.

Anhausen (Stadt Hayingen), Landkreis Reutlingen (RT) **Ort** Schloßsteige 3, 72534 Hayingen **GPS** 48.290043, 9.506758 **Anfahrt** Mit dem Zug zum Bahnhof Rechtenstein (RE Donaueschingen–Ulm). Mit dem Auto über A8, Ausfahrt Merklingen

DIE LETZTE FREUDE Es war an sich ein trauriges Ereignis, aber es eröffnete dem Freiherrn Johann Baptist von Speth-Schülzburg eine lang ersehnte Möglichkeit: Da sein Cousin Carl Alexander von Speth-Granheim unerwartet mit nur 37 Jahren, aber enormen Schulden verstorben war, konnte Johann Baptist seiner Witwe dessen Güter abkaufen und somit nach Jahrhunderten endlich wieder den Besitz der Adelsfamilie in einer Hand vereinen. Der 1830 mit der Witwe geschlossene Vertrag sollte allerdings sowohl für den Freiherrn persönlich als auch für die Familie insgesamt den letzten großen Triumph darstellen. Dunkle Wolken zogen bald herauf – oder waren, genauer gesagt, längst deutlich am Horizont zu sehen. Dabei waren die Speth ein an sich nur untergeordnetes kleines Rittergeschlecht, dem es allerdings im Spätmittelalter gelungen war, in bedeutende Posten aufzurücken, sei es als Bischöfe oder Feldherren im Dienst von Fürsten oder dem Kaiser. Höhepunkt dieser Entwicklung war das 16. Jahrhundert, als mit Dietrich Speth von Zwiefalten ein Akteur auftrat, der für das habsburgische Kaiserhaus eine entscheidende Rolle spielte: einerseits während der Streitigkeiten mit dem württembergischen Herzog Ulrich I. – zu dessen erbittertem Gegner er wurde –, andererseits in der Schlacht vor Wien 1529 gegen die Türken. Ein Teil des Erfolgs der Familie war auch ihre weite Verzweigung: Zahlreiche Nebenlinien entstanden, wodurch sich in der Region ein großes Netzwerk bildete, zudem gelang es den Speth, sich auf der Alb ein zwar nicht übermäßig großes, aber selbstständiges Territorium zu verschaffen – das allerdings unter der familiären Zersplitterung litt, die Johann Baptist nun, 1830, beendete. Zu dieser Zeit waren die Mitglieder der nun führenden Linie der Speth von Schülzburg zwar als Untertanen des neuen Königreiches Württemberg politisch größtenteils entmachtet, besaßen jedoch zugleich noch einige Vorrechte und Privilegien, die über die Mediatisierung gerettet werden konnten. Guten Gebrauch machten sie davon nicht.

DIE SCHÜLZBURG Zwar taucht der Name Schülzburg schon 1208 auf, die Burg selbst wird jedoch erst gut 120 Jahre später fassbar. Kurz darauf erscheint bereits ein erster Speth als Besitzer, doch der dauerhafte Erwerb des Ansitzes im Lautertal gelingt der Familie erst 1452 als Pfand, 1466 schließlich geht sie vollständig in ihren Besitz über. Eine bedeutende Veränderung schafft das 16. Jahrhundert, als erst eine – katholische – Kapelle eingerichtet wird und Hans Reinhard II. sich am Ende entschließt, einen Neubau in Angriff zu nehmen. Anders als in jenen Tagen oft beliebt, zieht er hierfür allerdings nicht hinunter ins Tal, sondern er verdoppelt einfach seine Burg auf dem Berg durch einen stattlichen Renaissancebau, der 1605 bezogen werden kann. Durch einen Brunnen mit Pumpsystem wird gleichzeitig das Wasserproblem gelöst, eine gewisse Bequemlichkeit

Die Schülzburg beherrschte einmal das Lautertal.

möchte man natürlich trotzdem haben. Mit der erwähnten Wiedervereinigung der Familie allerdings verliert die Schülzburg ihre herausgehobene Position, Johann Baptist holt nun nach, was sein Vorgänger Hans Reinhard noch unterlassen hatte: Er zieht hinunter ins frisch erworbene Schloss Granheim. Auf der Schülzburg, mittlerweile die einzige noch vollständig erhaltene Burg im an Ansitzen nicht armen Lautertal, bleiben nach dem Auszug der letzten Familienmitglieder 1848 nur noch Forstangestellte zurück. Das war möglicherweise Glück im Unglück, denn so kommt es nicht zu menschlichen Schäden, als auch die Schülzburg am 14. Februar 1884 zur Ruine wird. Ein Feuer vernichtet die Hauptburg komplett, vernünftige Löscharbeiten waren kaum möglich, da einerseits Wassermangel herrschte und andererseits der Brand ausgerechnet bei den Zugängen am heftigsten wütete. Ein defekter Kamin wurde als Brandursache ausgemacht, die Versicherung zahlte anstandslos. Ein angedachter Wiederaufbau wurde jedoch nie in Angriff genommen. Die Bevölkerung war nicht völlig von einem Unfall überzeugt, allerlei Gerüchte kamen auf, Versicherungsbetrug etwa oder die Rache schlecht behandelter Pächter. Das zeigte nur, wie tief das Ansehen der Familie bereits gesunken war. Und das kam nicht von ungefähr.

Angerußt und abgeblättert steht die Ruine der Burg im Dickicht.

EINE SCHRECKLICH UN-NETTE FAMILIE

Johann Baptist konnte sich an seinem Coup mit der gelungen Familienzusammenführung nicht allzu lange erfreuen. Im Jahre 1834 versuchten ein Teil der Familie und der Verwalter, ihn zu entmündigen. Die Vorwürfe beliefen sich auf Veruntreuungen, Schulden, Alkohol- und Verschwendungssucht, Unrast mit ständigen Abwesenheiten auf der Jagd und anderswo sowie ein schwankendes Gemüt. Der Antrag ging an die zuständigen Behörden – im Folgejahr wurde ihm stattgegeben: Johann Baptist war fortan nicht mehr geschäftsfähig, auch wenn es noch mehrfach hin und her ging und neue Gutachten eingebracht wurden, um eine mögliche Verbesserung von Johann Baptists Zustand zu überprüfen. Die einstigen Entmündiger hatten sich mittlerweile teils zerstritten, was letztlich allerdings nur dazu führte, dass Johann Baptist weiterhin von allen Geschäften ausgeschlossen blieb, der urteilende Richter jedoch auch die restliche Familie für kaum geeignet hielt, den Besitz angemessen zu verwalten. Dem sollte nun ein klar geregelter Vertrag abhelfen. 1842 war das fatale Werk fertig, das an sich recht eindeutige Festlegungen zu treffen schien. Der gesamte Besitz wurde zum Fideikommiss erklärt, d. h. er durfte nicht mehr geteilt oder verkauft werden; gleichzeitig ging er in die Hände des jeweilig ältesten Sohnes über,

Hinten alt, vorne neu, aber beide Ruinen Opfer fataler Familienfehden

der den restlichen Familienmitgliedern erkleckliche Gelder zum Lebensunterhalt, sogenannte Apanagen, zu zahlen hatte. Alle unterschrieben, doch der Friede hielt nur kurz. Johann Baptist starb noch im selben Jahr und bald darauf wurde der neue Majoratsherr, Carl, von seiner eigenen Mutter und seinem jüngeren Bruder ebenfalls mit Prozessen überzogen. Beide waren pleite, sie wollten Erhöhungen ihrer Apanagen durchsetzen. Die konnte Carl nicht leisten, wirtschaftlich ging es mit dem Besitz der Speth dauerhaft bergab. Und so sollte es über die nächsten Jahrzehnte hinweg bleiben: Auch in der Folgegeneration überzogen sich die Mitglieder mit Gerichtsprozessen, während das Gesamtvermögen immer weiter dahin schrumpfte. Die Speth und ihre Nachfahren machten durch interne Streitereien, zweifelhafte Geschäfte, Gefängnisaufenthalte und die Verschleuderung ihres Besitzes bis in die jüngste Gegenwart Schlagzeilen. Nachdem bereits die Immobilien verkauft worden waren, tauchten nach der Jahrtausendwende immer wieder Teile des Privatbesitzes in Versteigerungen auf. Nicht nur die Schülzburg scheint dauerhaft ruiniert.

Das besondere Erlebnis

In Sichtweite der Schülzburg auf der anderen Talseite liegen die Überreste der Maisenburg. Auch ihr Schicksal entschied sich erst im 19. Jahrhundert. Vermutlich im 12. Jahrhundert entstanden, unter verschiedenen Besitzern mehrfach umgebaut, kam dieser Ansitz 1764 zu den benachbarten von Speth dazu. Diese nutzten die eigentliche Burg allerdings nur bis 1820, während die Ökonomiegebäude weiterbetrieben wurden. Der voranschreitende Verfall des unbewohnten Hauptbaues mit der beeindruckenden Schildmauer wurde erst Anfang der 1990er-Jahre gestoppt. In der Vorburg, nun »Hofgut Maisenburg«, wird inzwischen Gelegenheit zum Übernachten und Feiern angeboten: www.maisenburg.de

25

DER FADEN IST GERISSEN

Die Weberei und Spinnerei in Senden-Ay

Die Weberei in Ay war einst Pionierin für die Industrialisierung an der nördlichen Iller. Der Fluss war für sie jedoch zugleich Freund und Feind. Nach vielen Rückschlägen setzte der Erfolg erst Anfang des 20. Jahrhunderts ein – und endete mit diesem.

Senden, Landkreis Neu-Ulm (NU) **Ort** Illerwehrstr./Dillmannstr., 89250 Senden **GPS** 48.320345, 10.039031 **Anfahrt** Mit dem Zug zum Bahnhof Senden (RB Ulm–Weißenhorn, Ulm–Memmingen). Mit dem Auto über A7, Ausfahrt Dreieck Hittistetten

Ziegelsteinindustriebauten, wie es dem Klischee des 19. Jahrhunderts entspricht.

ALLER ANFANG ... Leicht machte man es Johann Georg Krauss nicht, obwohl er gute Referenzen aufzuweisen hatte. Seit 1836 war er Besitzer der Spitalmühle in Ulm, die er binnen Kurzem zu einer wassergetriebenen Werkstätte für verschiedene Maschinenteile ausbaute. Da diese erfolgreich lief, konnte er bald doppelt expandieren, einerseits vergrößerte er den Betrieb in der Spitalmühle, andererseits sah er sich bereits nach dem nächsten gewinnversprechenden Objekt um. Als ihm die Stadt die gewünschten Umbauten genehmigte, entstand nebenan eine mechanische Baumwollweberei. Damit war Krauss auf der Höhe der Zeit, mit den Textilfirmen zog die Industrialisierung in großem Stil ein. In Ulm, in Schwaben und im Deutschen Bund überhaupt. Mit der Gründung der Aktiengesellschaft für seine »Mechanische Baumwollweberei Ulm« 1857 aber begannen zugleich Krauss' Probleme. Denn die Wasserkraft in Ulm war zu schwächlich für größere Betriebe, nutzbar war nur die Blau, die Donau war zu unberechenbar. Zudem herrschte aufgrund des Festungscharakters (siehe 29) allgemeiner Platzmangel. Krauss aber wäre nicht Krauss gewesen, hätte er nicht Weitblick besessen. Folglich hatte er bereits 1850 in Ay an der Iller eine weitere Mühle gekauft, die er wie einst in Ulm erst einmal als mechanische Werkstätte und Kunstmühle führte. Nun sollte dort ein Zweigbetrieb seiner neuen Weberei hinzukommen. Doch Ay lag zwar nah an Ulm, aber in Bayern. Dort hatte man naturgemäß nichts gegen eine neue Fabrik – aber in Stuttgart. Krauss, gebürtiger Blaubeurer, war schließlich Württemberger Untertan und in Stuttgart verspürte man wenig Drang, ausgerechnet die bayerische Wirtschaft zu fördern. Erst nach langem Hin und Her mit den Behörden bekam der Unternehmer seine Erlaubnis zum Bau im ›Ausland‹. 1857 entstand die Weberei am später sogenannten Illerkanal, beginnend mit zweihundert Webstühlen. Nur wenige Jahre später wurde hierher sogar der Hauptsitz verlegt und der Standort in Ulm aufgegeben, an den jedoch weiterhin der Name und das Markenzeichen – das Münster – erinnerten.

SHAKESPEARE IN SENDEN Für Krauss gingen der überstandene Kampf mit der Obrigkeit und die Etablierung an der Iller allerdings nicht mit anschließend ruhigeren Fahrwassern einher. Die nächsten Konflikte waren teils hausgemacht. Für den Fluss bzw. Kanal war die Ansiedlung von drei Betrieben – Weberei, Mühle, Werkstätte – einfach

Der Schornstein als Wahrzeichen ragt bis heute in den Himmel.

zu viel. Man nahm sich gegenseitig die rare Wasserkraft weg. Da die beiden ersten Krauss privat gehörten, er in der Weberei aber nur Gesellschafter und technischer Direktor war, zwang man ihn zur Aufgabe seiner beiden eigenen Firmen. Es blieb die Weberei – nicht aber Krauss. Es war ihm noch gelungen, 1863 in Sichtweite eine Spinnerei mit eigenem Kanal zu errichten, in den er kurzerhand ein Stauwehr einbauen ließ. Die bayerischen Behörden waren über diese nicht genehmigte Eigenmächtigkeit erbost und das illegale Bauwerk musste wieder beseitigt werden. Da zudem die Weltlage die Preise im Baumwollhandel – der Rohstoff musste zu hundert Prozent importiert werden – gerade explodieren ließ und es somit auch in Ay zu massiven Engpässen kam, schied Krauss 1865 mitsamt seiner Familie schließlich aus dem Unternehmen aus. Er zog nach Pfersee bei Augsburg und … gründete dort eine Weberei. Der »Spinnerei und Weberei Ulm«, wie sie nun offiziell noch immer hieß, tat der Fortgang Krauss' nicht sonderlich gut. Es war vor allem die Iller, die das gesamte Vorhaben immer wieder bedrohte. Statt für konstante und genügend Energie durch Wasserkraft zu sorgen, sollte auf der einen Seite zusätzlich auf Dampfkraft gesetzt werden, wenn der Schwung der Iller nicht reichte. Aus England kamen die Maschinen, mit ihnen der zuständige Obermeister, Mr. Shakespeare. War das Wasser andererseits nicht zu schwach, war es oft wiederum viel zu stark. Ständige Hochwasser führten immer wieder zu massiven Zerstörungen in der Spinnerei und der Weberei – ab 1884 auch in der zusätzlichen Filiale Freudenegg im Norden (siehe besonderes Erlebnis). Über Jahrzehnte hinweg war die gesamte Firma stets buchstäblich auf Kante genäht. In kurzen Abständen wechselnde Leiter versuchten sich an der Konsolidierung, aber insgesamt sah das Bild bis zur Jahrhundertwende recht düster aus, die Schließung drohte. Eine Besserung trat erst mit dem neuen Direktor Eugen Dillmann ab 1897 ein, der aus Pfersee kam – mit der einst von Krauss gegründeten Fabrik fusionierte das Ayer Werk 1910. Unter Dillmann stabilisierte sich das Unternehmen, kümmerte sich gleichermaßen für die soziale Versorgung seiner Arbeiter – etwa durch günstige Wohnbauten – und konnte sogar das große Katastrophenhochwasser des Jahres 1910 verkraften.

ABSCHWUNG Dillmann blieb jahrzehntelang verantwortlich, musste jedoch nach dem Aufschwung unter seiner Agide in der Vorkriegszeit bald wieder auf Krisenmodus umschalten. Im Ersten Weltkrieg hielt man sich mit der Produktion von sogenannten Ersatzstoffen über Wasser – buchstäblich, diesmal war es die Iller, die den Betrieb rettete, da nur noch Wasserkraft als Energiequelle erlaubt war. Die diversen Wirtschaftskrisen der Weimarer Republik beutelten auch die Ayer Fabriken, der nächste Weltkrieg brachte eine Umstellung auf rüstungsrelevante Materialien bzw. den Einzug von Maschinenproduktion durch andere Betriebe. Fortan kann in Ay – seit 1972 zu Senden gehörend, das 1975 zur Stadt erhoben wurde – die bundesrepublikanische Geschichte der Textilindustrie nachverfolgt werden: Während die Nachkriegszeit, in der die Modernisierung nachgeholt wurde, noch einmal für Konjunktur sorgte, geriet die heimische Fabrikation durch billigere Konkurrenz aus Osteuropa, Asien und Afrika bald ins Trudeln. 1967 wird die Filiale Freudenegg geschlossen, 1993 ist auch für den Restbetrieb endgültig Schluss. Weiterverwendung finden jeweils nur die den jeweiligen Standorten angeschlossenen Kraftwerke, die restlichen Bauten verfallen nach und nach. Lösungen zu finden ist schwer, man möchte nicht zur Grundstücksspekulation der teils enormen Areale beitragen – Boden ist hier, im gut angebundenen Speckgürtel Ulms, begehrt. Und die Fabriken stehen zudem auch teilweise unter Denkmalschutz. Die Spinnerei rettet das nicht, an ihrer Stelle wird in naher Zukunft ein Wohnpark entstehen. Für die wesentlich größere Weberei wird dagegen immer noch nach einer Idee gesucht. Zwar hat hier ein Kindergarten eröffnet, doch zwischen ihm und dem Illerkanal liegt unter dem markanten Schornstein noch immer die riesige Industriebrache der Fabrik, mit der in der Region einst der wirtschaftliche Aufstieg begann.

Das besondere Erlebnis

Obwohl bereits 1967 stillgelegt, präsentiert sich die einstige Filiale in Freudenegg noch immer als das besterhaltene Ensemble aus der Firmengeschichte. Die denkmalgeschützten Backsteinbauten aus den Jahren 1884/85 stehen direkt am Illerkanal zwischen dem Baggersee Nord und dem Sendener Freizeit- und Tennispark, das zugehörige Kraftwerk ist noch in Betrieb. Am Ufer des benachbarten Baggersee Süd kann man bequem zum nahe gelegenen Gelände der Spinnerei laufen und die dortigen spärlichen Überreste – ebenfalls samt Kraftwerk – in Augenschein nehmen.

Zahlreiche nicht gerade kleine Gebäude sind noch immer auf dem Gelände vorhanden.

Der werte Herr Kaplan hat sein Domizil schon längst verlassen.

26

DIE ÄBTISSIN MIT DER HARTEN HAND

Schlosskirche und Kaplaneihaus in Straßberg

Straßberg war Zentrum einer Mini-Herrschaft, die dem Reichsstift Buchau in Oberschwaben angehörte. Die Äbtissin Katharina von Spaur beeindruckte mit einer Persönlichkeit, die vor Gewalt, Mordplänen und Polemik nicht zurückschreckte. Sie prägt den Ort bis heute.

Straßberg, Zollernalbkreis (BL) **Ort** Schulstr. 6, 72479 Straßberg **GPS** 48.176088, 9.090930 **Anfahrt** Mit dem Zug zum Bahnhof Straßberg-Winterlingen (RB Sigmaringen-Tübingen). Mit dem Auto über A81, Ausfahrt Rottweil

UNANGEKÜNDIGTER BESUCH Georg Dietrich von Westerstetten, Besitzer der kleinen Herrschaft Straßberg, zu der außerdem die Orte Kaiseringen und Frohnstetten gehörten, bereitete sich rechtzeitig auf sein Ende vor. Seine Ehe war nach dem frühen Tod eines Sohnes kinderlos geblieben, der Familienzweig war damit zum Aussterben verurteilt, und so schien es ihm nur gerecht, einen Teil seines somit nicht vererbbaren Vermögens der Gemeinschaft zukommen zu lassen – und dadurch nebenher gleich ein bisschen für das eigene Seelenheil vorzusorgen. Georg Dietrich erwies sich als freigiebiger Stifter, gab reichlich ab von seinem Geld für eine Orgel und Glocke der Straßberger Kirche, für den Neubau des Gotteshauses in Frohnstetten, für die Kranken seiner Herrschaft und einiges mehr. Als er 1625 starb, schien alles schiedlich-friedlich geregelt. Doch die Trauerfeierlichkeiten waren noch nicht zu Ende, da tauchte im Ort die Buchauer Fürstäbtissin Katharina von Spaur auf. Sie kam keineswegs, um ihr Beileid auszusprechen und sie war vor allem nicht allein: Aus Oberschwaben hatte sie einen bewaffneten Trupp mitgebracht. Wann genau das Stift Buchau in den Besitz Straßbergs kam, ist nicht bekannt. Der Ort war einst aus mehreren Siedlungen zusammengewachsen, ein Kern befand sich um die Pfarrkirche St. Verena, der andere unterhalb der im 12. Jahrhundert errichteten Burg. 1345 wird aus einer Urkunde deutlich, dass die Herren von Hohenberg ihr Lehen Straßberg an das Stift zurückgaben, welches dieses an die nächste Adelsfamilie weiterreichte. So ging das über Jahrhunderte gut: Buchau war der Oberherr, der Eigentümer der Herrschaft Straßberg, verlieh das Lehen daran jedoch jeweils an Adel aus der Region. Bis 1625. Katharina von Spaur meldete nach dem Tod Georg Dietrichs, der wie erwähnt keine direkten Nachfahren hatte, gewissermaßen Eigenbedarf an – und zwar mit rabiaten Mitteln. Einerseits. Denn die Äbtissin hatte die Peitsche nur für den Adel mitgebracht, für die Untertanen gab es das Zuckerbrot: Im »Spaur'schen Gnadenbrief« wurde in der Herrschaft die Leibeigenschaft abgeschafft, Abgaben gesenkt und Frondienste erleichtert.

DIE STREITBARE NONNE Ohnehin war die Übernahme naturgemäß keineswegs feindlich – Buchau war schließlich rechtmäßiger Eigentümer –, aber zumindest für die entfernte Verwandtschaft der Westerstetten wohl überraschend, die sich schon auf Burg Straßberg hatten sitzen sehen. Es folgten langwierige Prozesse über Schulden und Abfindungssummen, die sich bis 1656 zogen. Da war Katharina von Spaur bereits tot. Doch vorher hinterließ sie einiges an Spuren in Straßberg, die sich direkt und indirekt

Im Dienst für das Damenstift: Grabstein eines Vogtes

noch immer auffinden lassen. Seit 1610 stand die adelige Dame aus der Gegend von Trient, mit vollem Namen Katharina von Spaur, Flavony und Valer, dem Damenstift Buchau vor, in das sie 1594 mit gerade einmal 14 Jahren eingetreten war. Von Beginn an machte sie klar, dass mit ihr nicht leicht umzuspringen sein werde. Als der Konstanzer Bischof die ihm zustehende Examination – eine Überprüfung der Geeignetheit für den Posten – forderte, gab sie nur unter Protest diesem üblichen Verfahren nach. Selbstbewusst und überzeugungsstark regierte sie fortan, auf die Rechte des reichsfreien Stiftes pochend, wie eben auch in Straßberg, das ihr offenkundig besonders am Herzen lag. Die Burg wählte sie gerne als Sommeraufenthalt, in Zeiten des heraufziehenden Krieges diente diese zudem als Zufluchtsort. Katharina, deren Geschwister bedeutende Posten im Dienste Habsburgs innehatten – einer ihrer Brüder verwaltete Tirol als Landeshauptmann –, trat der Katholischen Liga bei und verfolgte strikt die kaiserliche Sache. Dies ging so weit, dass sie ihrem Bruder 1628 Vorschläge für einen Mord am eigensinnigen Feldherrn Wallenstein vorschlug. Nicht gerade stiftsdamenhaft. Doch vorerst wendete sich ohnehin das Blatt, die Schweden besetzten sowohl die Herrschaft Straßberg als auch Buchau. 1632 mussten die Frauen ins schweizerische Rapperswil fliehen, wo es Katharina bald nicht mehr sonderlich gefiel. Macht- und besitzlos dürfte sie wie auf Kohlen gesessen haben, unverblümt beschwerte sie sich über die Langeweile im »kuelandt«, dem sie immerhin ihre Rettung zu verdanken hatte. Nach einem Jahr war jedoch alles überstan-

Der Friedhof rund um die Pfarrkirche herum ist aufgelassen.

den, die Äbtissin wieder eingesetzt und fortan des Öfteren wieder in Straßberg zu finden. Unter anderem arrangierte sie dort 1637 die Vermählung ihrer Nichte Maria Isabella mit dem legendären rheinischen Reitergeneral Jan van Werth, der zu dieser Zeit in der Burg weilte. Geheiratet wurde in der Straßberger Pfarrkirche. Nach 1648, der Krieg war endlich vorbei, nahm die gesundheitlich angeschlagene Katharina selbst dauerhaft Quartier auf ihrer Burg, wo sie im März 1650 starb. Vermutlich wurde sie in Buchau beigesetzt – ihr Grab ist allerdings unbekannt.

RUINIERTE HINTERLASSENSCHAFTEN

Aus Dankbarkeit hatte Katharina eine neue Schlosskirche gestiftet, die ab 1635 auf dem Vorburggelände errichtet, aber erst 1656 geweiht wurde. Heute ist sie – anders als der Hauptbau der Burg – nur noch eine Ruine, bereits 1745 war sie wieder aufgegeben worden. Erhalten geblieben sind, neben einer Abbildung auf dem Hochaltar in St. Verena, lediglich die Fassadenfront des Gotteshauses, die wohl aus bereits älteren Burgteilen besteht, der Rest wanderte als Baumaterial ins Zentrum des Ortes zur Errichtung des ansehnlichen »Neuen Schlosses«, dem Verwaltungssitz der Buchauer Amtmänner und heutigem Rathaus. Nebenan steht das ›neue‹ Kaplaneihaus, weitaus weniger ansehnlich, zumindest in diesen Tagen. Auch dieses geht indirekt auf Katharina zurück, da eine ihrer Nachfolgerinnen eine Kaplanstelle für die Schlosskirche spendierte. Ursprünglich wohnte der geistliche Herr in der Burgstraße 42, dem alten Kaplaneihaus, 1820 wurde dann der stattliche Bau bei der heutigen Wassertretanlage errichtet. Nachdem er noch bis in die 1970er-Jahre die katholische Volksbücherei beherbergt hatte, fristet er heute ein recht tristes Dasein zwischen dem hervorragend renovierten Schlossbau und

Rechts neben der Burg ist die Kirchenruine erkennbar.

dem hübschen Parkgelände. Die Äbtissin Katharina wäre von dieser Vernachlässigung ganz sicher nicht angetan.

Das besondere Erlebnis

Steigt man den Burgberg über die Alte Steige hoch, stößt man auf der Hochebene an die B463 bei Winterlingen. Von dort rechts an der Bundestraße entlang kommt man zum Gewerbegebiet und biegt links über die B463 in die Schillerstraße ab. An der übernächsten Kreuzung rechts (Zeppelinstraße), dann erneut rechts und so steht man wieder an der Bundesstraße, aber auch neben den Überresten der früheren Winterlinger Kläranlage – ein ansonsten eher selten anzutreffender moderner Lost Place.

27

FILMRISS

Birk-Areal und City-Kino Trossingen

Um Kultur und Kartonagen geht es in diesem Kapitel, in dem natürlich auch nicht fehlt, was Trossingen berühmt gemacht hat: die Musik. Von der hing in der Stadt vieles ab.

Trossingen, Landkreis Tuttlingen (TUT) **Ort** Kirchstr. 12/1(Kino), Lindenstr. 7/1 (Birk-Areal), 78547 Trossingen **GPS** 48.076213, 8.638998 (Kino), 48.075638, 8.640361 (Birk-Areal) **Anfahrt** Mit dem Zug zum Bahnhof Trossingen/Stadt (RB Trossingen/ Bahnhof-Trossingen/Stadt) . Mit dem Auto über A81, Ausfahrt Villingen-Schwenningen

Die Trossinger Fabrikgebäude harren geduldig der Neuverwendung.

Das Kino, ein origineller Bau mit origineller Geschichte.

NICHT IMMER HARMONISCH In den ersten Produkten war Musik drin, wie es sich für Trossingen auch gehört. 1879 eröffnet Michael Birk, eigentlich Wagnermeister, also für die Herstellung von Rädern und Beförderungsmitteln zuständig, seine Kartonagenfirma. Treibende Kraft dahinter ist jedoch dem Vernehmen nach seine Frau Maria, geborene Messner, die aus dem Industriezweig stammt, der die Stadt berühmt gemacht hat: dem Instrumentenbau, genauer der Fertigung von Harmonikas. Die neue Kartonagenfabrik Mich. Birk, wie sie offiziell heißt, übernimmt folglich für die verwandtschaftlich verbundene Firma Messner die Verpackung der Mundharmonikas. Eine zukunftsträchtige Idee, die auch von Rückschlägen wie einem Firmenbrand 1885 nicht mehr aufgehalten werden kann. Die gesamte Familie konzentriert sich nun auf das Kerngeschäft, neue Gebäude im Zentrum der Stadt an der Löhrstraße werden errichtet, gleichzeitig erweitert man das Angebot, um nicht allein von der Musikindustrie abhängig zu sein, unter anderem mit Verpackungen für Arzneimittel, Kosmetik oder Süßigkeiten. Und die Expansion ist nicht aufzuhalten: Kleinere Betriebe werden in der Umgebung eröffnet, die Trossinger Firma baut ihr Verkaufsnetz bis nach Lateinamerika und Ägypten aus. 1908 erfolgt ein weiterer markanter Schritt: Da man vermehrt auch die Tuttlinger Medizintechnikfirmen beliefert, wird der Hauptsitz in die Donaustadt verlegt. Das Stammwerk bleibt jedoch erhalten, übersteht den Krieg und in den 1920er-Jahren knüpft man problemlos an die früheren Zeiten an. Weitere Filialen entstehen, Mich. Birk ist zwischenzeitlich eine Aktiengesellschaft geworden, und an neuen Produktideen fehlt es auch nicht: »Birkola« nennt sich eine Serie von Spielzeugen aus Pappe, »dauerhafter, schöner und billiger als Spielwaren aus Holz, Zinn etc.«, wie die Werbung verspricht. 1200 Mitarbeiter zählt die Firma im Jahr 1927, davon an die dreihundert in Trossingen. Auch baulich wird vergrößert, zeitgenössische Firmenbauten kommen zum Altbestand hinzu. Weltwirtschaftskrise und Weltkrieg bringen naturgemäß Einbußen, aber im Wirtschaftswunderland sind die Birk'schen Verpackungen wieder gefragt. Ein deutlicher Einschnitt ist jedoch die Aufteilung der Firma 1961, Tuttlingen und Trossingen gehen eigene Wege. In der Musikstadt konzentriert man sich in der Folgezeit stärker auf Kartons für Medikamente, die Aufträge werden weniger, aber spezieller. An sich sind die umweltfreundlichen Qualitätsprodukte durchaus noch gefragt, doch zum 13. August 2022 ist dann doch Schluss für den mittlerweile geschrumpften Betrieb, dessen Maschinenpark nun vor allem auch wegen seines Alters beeindruckend ist. Die denkmalgeschützten Gebäude der Jahrhundertwende und 1920er-Jahre finden immerhin sofort einen neuen Besitzer, der das gesamte Birk-Areal in nahester Zukunft zu einem Büro-, Kultur-, und Wohnkomplex verändern möchte. Begonnen hat der Umbruch mit einem Abbruch: Einige der Anbauten der vergangenen Firma Mich. Birk sind damit bereits Geschichte.

FILM AB In unmittelbarer Nähe des Birk-Areals und einst in der Freizeit sicher von nicht wenigen der Trossinger Angestellten der Nachbarfabrik aufgesucht, findet sich das – mittlerweile verwaiste – City-Kino. Es ist nicht minder legendär als die heimische Musikindustrie, dank einer außergewöhnlichen Geschichte. Die begann, wie es damals noch üblich war, in einem Gasthaus, dem »Löwen«. Im Saal der Wirtschaft baute Martin Haller ab 1921 regelmäßig seinen Kinematographen auf, um den Trossingern die neuesten Filmstreifen zu präsentieren. Er war nicht der einzige, der diese neue Kunst im Ort vorführte, aber er hielt als einziger durch. Sein anhaltender Erfolg veranlasste ihn zum Bau eines eigenen Kinogebäudes und so eröffneten 1925 die »Zentral-Lichtspiele« in der Kirchstraße. Seitdem hat das kleine Kino mit seinen zwei Vorführsälen die gesamte filmische Entwicklung der Bundesrepublik mitgemacht: von der Stummfilmzeit über die großen Ufa-Jahre der Weimarer Republik, die Propagandastreifen der Nazis, die Kitschbomben und Monumentalfilme der Nachkriegsjahre, Winnetou und Fassbinder, Action-Kassenschlager und dem Computer entsprungene Animationsfilme. Für die Unterhaltung à la Hollywood war ebenso gesorgt wie für exquisitere Filmperlen, denn die Betreiber stellten regelmäßig ihre Säle auch dem Kommunalen Kino zur Verfügung, einem Verein, der sich seit 1982 cineastisch anspruchsvolleren Erzeugnissen widmet. Zwischenzeitlich hatte das City-Kino, wie es inzwischen hieß, sogar expandiert, im Rosensaal hatte man eine Filiale eröffnet, die aber schon wieder geschlossen wurde, nachdem man 1961 das konkurrierende Bali-Kino übernommen hatte, dessen Besitzer verstorben war. Der Doppelbetrieb lief bis 1984, die Zeiten waren nicht mehr so rosig, Fernsehen und Video waren eine nicht zu ignorierende Konkurrenz geworden. Trotzdem war das City-Kino aus Trossingen nicht wegzudenken, es war eine Institution, die selbst schon in gewisser Weise filmreif geworden war. Denn noch immer war es ein Betrieb in der Hand der Gründerfamilie: Nach dem Tod Martin Hallers übernahm Tochter Anna gemeinsam mit ihrem Mann Werner Martin das Kino in dem Bau, der exakt so alt war wie seine letzte Besitzerin. Nach dem Ableben ihres Mannes 1992 machte Anna Martin unverdrossen weiter, womit sie bundesweit Aufmerksamkeit erregte. Die große Presse schaute gerne für Reportagen über das Trossinger Unikat vorbei, zahlreiche Ehrungen und Auszeichnungen folgten, während andererseits der ganz nor-

Kommt ins City-Kino,
hier wartet Hollywood auf euch!

Die immer noch imposanten Industriebauten aus der großen Zeit der Fabrik

male Kinoalltag weiterlief. Doch irgendwann, dem Alter geschuldet, musste Schluss sein, die Chefin ist schweren Herzens in den Ruhestand gegangen, Nachfolger gibt es keine. Und so schließt das Trossinger City-Kino 2013 seine Pforten. Ende. Für Filmvorführungen bleibt nur noch das weitergezogene Kommunale Kino. Der unter Denkmalschutz stehende Bau aus den 1920er-Jahren in der Kirchstraße sucht deshalb seit gut zehn Jahren einen Nachnutzer, was sich trotz hervorragender Lage im Stadtzentrum nicht ganz so einfach gestaltet. Aber die Architektur des Gebäudes, »geneigter Boden, Fehlen von Fensterflächen« (Denkmalschutzamt), ist natürlich etwas speziell. Vielleicht etwas für Kino-Liebhaber im eigentlichen Sinne.

Das besondere Erlebnis

An der Ecke des Birk-Areals steht ein an sich recht hübsches Wohnhaus – ebenfalls mit Vergangenheit. Bereits 1885 von einem Mitglied der Trossinger Obrigkeit errichtet, dezent repräsentativ in historistischem Stil, beherbergte es über längere Zeit ein Ladengeschäft im Erdgeschoss, diente dann aber nur noch zu Wohnzwecken. Aufgrund des inzwischen bereits recht lange andauernden Leerstands trotz bester Lage hat das Aussehen reichlich gelitten, gleichwohl sucht der denkmalgeschützte Bau in der Löhrstr. 6 weiterhin einen unerschrockenen Enthusiasten für alte Bauten, der sich seiner annimmt.

Trotz seines vernachlässigten Zustandes lässt der Schlachthof noch etwas vom alten Glanz erahnen.

28

AUFSCHWUNG UND ABSCHWUNG

Gewerbebauten in und um Tuttlingen

Die Zwanzigerjahre des 20. Jahrhunderts waren für Tuttlingen durchaus ›golden‹. Ihrem Ruf als Ort fleißiger Bürger wurde die Stadt gerecht und zeigte dies in städtischen Großprojekten und Unternehmensgründungen.

Tuttlingen, Landkreis Tuttlingen (TUT) **Ort** Ludwigstalerstr. 113, 78532 Tuttlingen (Schlachthof), Am Lokschuppen, 78532 Tuttlingen (Bahnbetriebswerk) **GPS** 47.994752, 8.828167 (Schlachthof), 47.971350, 8.787936 (Bahnbetriebswerk) **Anfahrt** Mit dem Zug zum Bahnhof Tuttlingen-Nord (RB Tuttlingen–Sigmaringen, RB Blumberg/Zollhaus–Fridingen/Donau). Mit dem Auto über A81, Ausfahrt Geisingen oder Tuningen

Möhringen (Stadt Tuttlingen), Landkreis Tuttlingen (TUT) **Ort** Brühlstr. 5, 78532 Tuttlingen **GPS** 47.957489, 8.771040 **Anfahrt** Mit dem Zug zum Bahnhof Möhringen-Bahnhof (RB Blumberg–Rottweil–Bräunlingen). Mit dem Auto über A81, Ausfahrt Geisingen

DER SCHLACHTHOF Es stank regelmäßig geradezu unerträglich. Sage und schreibe 79 Metzgermeister gab es um 1870 im Oberamt Tuttlingen – das wesentlich kleiner war als der heutige Landkreis – und nicht wenige davon betrieben ihr Geschäft in der Stadt selbst. An Schlachttagen waberte der Geruch von Blut und Fleischabfällen durch die Straßen, was regelmäßig zu Beschwerden führte. Hinzu kamen nicht unbedingt vorbildliche hygienische Verhältnisse in den Hausschlachtereien, von Kontrolleuren regelmäßig moniert. Der Ruf nach einem städtischen Schlachthof wurde lauter und lauter, aber erst 1887 war es soweit – das gewünschte Gebäude entstand in den Wöhrden. Man hatte damit zwar eine zentrale Anlaufstelle mit besserer Hygiene geschaffen, dennoch lag es immer noch sehr nahe an der Innenstadt und Geruchs- und auch Lärmbelästigung waren nur bedingt beseitigt. Abhilfe erfolgte erst gut vierzig Jahre später. In einer Zeit, da sich die Stadt wirtschaftlich erholte und einige Großprojekte in Angriff nahm, stand auch ein neuer, geradezu überdimensionierter Schlachthof auf dem Plan, der außerhalb in Richtung Ludwigstal angesiedelt werden sollte. Nur das Beste sollte genügen – und das war Josef Hennings. Der Architekt, gebürtiger Berliner, aber seit Langem in Stuttgart ansässig, war *der* Spezialist auf dem Gebiet des Schlachthofbaues. Er verband auf geradezu geniale Weise die reine Funktionalität des Betriebes mit anspruchsvoller Ästhetik. Im Inneren ausgerichtet auf die modernste Technik, war ein von Hennings entworfener Schlachthof gleichwohl alles andere als nur ein reiner Zweckbau. Inspiriert vom Jugendstil und der Bauart der Neuen Sachlichkeit, entwarf der Architekt beeindruckende Großbauten unverwechselbaren Charakters – als sein Meisterwerk gilt die »Ochsenkathedrale« im mondänen unterfränkischen Kurort Bad Kissingen (nachzulesen in *Lost & Dark Places Franken*). Zwar fiel das Tuttlinger Exemplar, vollendet 1929, nicht ganz so pompös aus, brauchte sich aber, schon allein wegen seiner schieren Größe, nicht zu verstecken. Allein die Haupthalle zählte siebenhundert Quadratmeter, zudem galt er als der modernste Schlachthof Württembergs. Vor dem üblichen Schicksal der Schlachthöfe hat ihn das letztlich nicht bewahrt. 1986 verkaufte ihn die Stadt an ein Unternehmen, 2013 verzichtete sie nach dessen Auszug auf ein Wiederkaufsrecht. Seither sucht der längst in das Gewerbegebiet hineingewachsene und nicht mehr unbedingt ansehnliche Schlachthof nach einer Neunutzung, bisherige Vorschläge, etwa eine kulturelle Ausrichtung, versandeten.

BAHNBETRIEBSWERK Teil der Konjunkturphase während der späten 1920er-Jahre, als die städtische Infrastruktur äußerst großzügig aufgemöbelt wurde, war auch der Neubau des Bahnhofs. Notwendig geworden war er durch Tuttlingens Aufwertung als Bahnknotenpunkt: Hier trafen sich die Strecken von Immendingen nach Sigmaringen, die nunmehr zweigleisig ausgebaute Gäubahn nach Stuttgart und die jüngst verkürzte Verbindung via Hattingen in Richtung Bodensee. Grund genug, sich nicht mit Kleinigkeiten zu begnügen. Nicht nur geriet der Bau des zentralen Bahnhofsgebäudes reichlich monumental, selbst die Donau musste dem neuen Standort am äußersten Stadtrand weichen. 1933 war das Vorhaben vollendet, zu dem auch ein Bahnbetriebswerk von nicht geringer Größe gehörte. Es lag allerdings fast zwei Kilometer von den restlichen Anlagen entfernt, teils schon auf Gebiet des benachbarten Möhringen. Auch hier herrschte ein modernneusachlicher Stil vor, der Ringlokschuppen, dem eine Drehscheibe von gut 21 Meter Durchmesser vorgelagert ist, wird von einem Turm dominiert. Ein allzu langes Dienstle-

↑ Schmutz breitet sich aus. Die Firma hingegen nicht.

↗ Ein rostiges Dampfross am ehemaligen Bahnbetriebswerk Tuttlingen. Eines von sehr vielen.

ben war dem Werk jedoch nicht vergönnt, nach dem Ende der Dampflokära war nach knapp vierzig Jahren schon wieder Schluss. 1991 verkaufte die Bahn das gesamte Areal an einen privaten Liebhaber. Das sichtbare Fahrmaterial – die Lokomotiven – stammen aber nicht, wie man vermuten könnte, aus diesem Verkauf, sondern überwiegend aus hierher überführten Beständen der Reichsbahn der DDR. Die ehemaligen Dampfrösser fallen heute mehr auf als die Gebäude. Sind jene schon in nicht gerade aufpoliertem, aber noch nutzbarem Zustand, so sind die 26 Lokomotiven irgendwo zwischen ›der-Lack-ist-ab‹ und schrottreif angesiedelt. Gleichwohl können sie in den Sommermonaten an Sonntagen – ebenso wie das Betriebswerk – besichtigt werden. Informationen gibt es unter: www.bahnbetriebswerk-tuttlingen.de

LEDERFABRIK SCHMUTZ IN MÖHRINGEN

Vom ehemaligen Bahnbetriebswerk ist es dann auch nicht mehr weit bis ins bereits erwähnte Möhringen. Gegenüber von dessen (altem) Bahnhof fallen einem die Gebäude einer Fabrik auf, deren Fassade Besitzer und Zweck gleich mitliefert: »H. Schmutz & Söhne, Lederwaren u. Plastikartikel«, eine Kombination, die einem vielleicht etwas seltsam vorkommt. Noch komplizierter wird es, wenn man auf die andere Seite der Bahnlinie schaut, dort findet sich ein Fabrikgebäude der Firma »Schmutz & Sohn«, spezialisiert auf Leder und Kunststoffe. Dahinter steckt eine gemeinsame, aber vertrackte Familiengeschichte. Angefangen hat alles in trauter Harmonie. 1922 gründet Urvater Johann Schmutz, ein Sattlermeister, im Zentrum der damals noch selbstständigen Stadt Möhringen eine kleine Fabrik, deren Repertoire von Pferdedecken über Skibindungen bis hin zu Rucksäcken reicht. Der Clou gelingt der Firma schließlich mit der Herstellung von Hosenträgern für Trachten. Die sind von den 1930ern bis in die 1950er-Jahre sehr gefragt und verhelfen der Lederfabrik zu einem

Die Möhringer Gebäude stehen erst seit Kurzem leer.

enormen Aufschwung. 1953 allerdings trennen sich die Brüder Schmutz und jeder startet seine eigene Firma. Das Angebot ist aber im Grunde dasselbe. Während die eine Fabrik nördlich der Bahn in die Bischofszeller Straße zieht, siedelt sich die andere südlich in der Brühlstraße an. Das abflauende Interesse an der Trachtenmode zwingt beide dazu, sich neu zu erfinden: Während sich die Nordfirma stärker auf Kunststoffe konzentriert und mit anhaltendem Erfolg sogar weiter expandiert, bleibt der Süden vorwiegend dem Leder, wenn auch teils ebenfalls in Kunststoffform, treu und schafft immerhin mit der innovativen Konstruktion eines Erste-Hilfe-Koffers in Kissenform für PKW noch einen Verkaufsschlager. Trotzdem leidet letztere Schmutz-Firma immer stärker unter dem Druck fernöstlicher Produktion, und auch der Maschinenpark wirkt merklich in die Jahre gekommen. Und so steht heute, wer in die Brühlstraße kommt, vor einem seit einiger Zeit verlassenen Firmengelände.

Das besondere Erlebnis

Zu den Neubauprojekten der 1920er-Jahre in Tuttlingen gehörte auch das Krematorium. Der auffällige Bau in einem neusachlich-neobarocken Stil, versehen mit modernen Glasmalereien, war bis Anfang der 1980er-Jahre in Betrieb, 1990 wurde auch der Friedhof rundherum aufgegeben. Anfangs ohne Nachnutzung geriet das leere Krematorium in einen langsam voranschreitenden bedenklichen Zustand und damit in die Diskussion. Ein Abbruch für das Jahr 2003 war bereits angedacht worden, als örtliche Initiativen zur Sanierung schritten. Als Kulturhaus ist es heute Teil des Bürgerparks Alter Friedhof – der seinen Namen in jeder Hinsicht zu Recht trägt: Er geht auf alemannische Gräberstätten des 6. Jahrhunderts an der – heute verschwundenen – ersten Kirche Tuttlingens zurück.

29

FEST IM GRIFF

Die Bundesfestung Ulm

Zu ihrer Zeit war die Bundesfestung Ulm die größte in Mitteleuropa, geliebt und ungeliebt zugleich, jedoch nie im Krieg erprobt. Was aber tun mit den gewaltigen Hinterlassenschaften oft mitten in der Stadt?

Ulm, Stadtkreis Ulm (UL); Neu-Ulm, Landkreis Neu-Ulm (NU)
Ort Beim Alten Fritz 3 (Kienlesbergbastion), Prittwitzstr. 100 (Wilhelmsburg), 89075 Ulm
GPS 48.407311, 9.980001 (Kienlesbergbastion), 48.411093, 9.983263 (Wilhelmsburg)
Anfahrt Mit dem Zug zum Bahnhof Ulm (IC, RE Ulm-Stuttgart, Ulm-Aalen, Ulm-Donaueschingen). Mit dem Auto über A7, Ausfahrt Nersingen

Eine Feuerprobe blieb der Festung (und den Ulmern) glücklicherweise erspart.

ULM ODER NICHT ULM? Ausgerechnet derjenige, in dessen Land die Festung stehen sollte, um es zu schützen, behinderte das Projekt um mehrere Jahrzehnte. Dabei war der König von Württemberg keineswegs gegen die Errichtung eines starken Bollwerks. Nach gut 25 Jahren Krieg war die Sehnsucht nach Frieden 1815 ebenso groß wie die weiterhin vorhandene Angst vor dem Nachbarn Frankreich. Der Plan des Deutschen Bundes, gleich mehrere starke Festungen im Südwesten zu platzieren, die neben den bereits existierenden eine von vornherein abschreckende Wirkung haben sollten, stieß deshalb auf allgemeine Zustimmung. Sogar Geld für dieses teure Vorhaben war dank der hohen Entschädigungszahlungen Frankreichs reichlich vorhanden. Österreich hatte Ulm als hervorragend geeigneten Standort ausgemacht, strategisch günstig gelegen, und gemeinsam mit Bayern und Württemberg würde man die Besatzung stellen. Erste Vermessungen wurden vorgenommen. Doch König Wilhelm I. war nicht begeistert. Sicher, Ulm lag seit Kurzem auf seinem Territorium, aber an der äußersten Ostgrenze. Die Franzosen würden im Falle eines Angriffs vorher sein gesamtes Land verwüsten. Er bevorzugte das badische Rastatt als Bundesfestung, direkt am Rhein. Da er mit dieser Sicht nicht allein war, geschah erst einmal gar nichts. Bis 1840 scheinbar ein neuer Krieg mit Frankreich drohte. Jetzt ging alles ganz schnell. Man einigte sich einfach auf Rastatt *und* Ulm. Die einstige Reichsstadt, die schon eine gewisse Festungstradition hatte und in der Frühen Neuzeit als uneinnehmbar galt, sollte zum wichtigsten Waffenplatz im Süden ausgebaut werden. Sie war die ausschlaggebende Komponente der militärischen Planungen und deshalb ließ man sich nicht lumpen. Da in Württemberg nicht vorhanden, wurde ein bewährter Festungsbauingenieur aus Preußen ausgeliehen: Oberst Moritz Karl Ernst von Prittwitz und Gafron. Östlich der Donau, im Königreich Bayern, wo zwar nur ein paar wenige Häuschen standen, ging man eigene Wege und beauftragte Friedrich Herdegen mit dem Bau eines Brückenkopfes. Seine Pläne jedoch gefielen Ludwig I. selbst nach mehrfacher Vorlage nicht. Der verzweifelte Herdegen brachte sich um. Ihm folgte Theodor Ritter von Hildebrandt.

UMWEHRUNG Zur Festung ausgebaut zu werden war für eine Stadt eine ziemlich zweischneidige Angelegenheit. Mit der Einmauerung war eine zukünftige Entwicklung buchstäblich abgeschnürt, und auch das Sicherheitsgefühl war trügerisch, denn naturgemäß zogen Festungen im Kriegsfall die feindliche Armee erst recht an. Immerhin Ersteres versuchte von Prittwitz im Falle Ulms zu berücksichtigen: Sein Festungsgürtel um die Stadt war äußerst großzügig und ließ im Inneren noch Raum für Ausdehnung. Die Bauzeit von 1840 bis 1859 war zudem mit wirtschaftlichem Aufschwung verbunden, Tausende von Arbeitern mussten versorgt werden und gaben ihr Geld in Ulm aus, später würden die Soldaten es ihnen gleichtun. 5000 sollten es in Friedenszeiten in den zahlreichen Kasernen sein, 20 000 im Kriegsfall, und da Ulm zentraler Sammelplatz der Truppen war, konnten die Kapazitäten auf 100 000 Mann gesteigert werden. Prittwitz setzte die modernste, sogenannte neudeutsche Fortifikation um, ein starker Gürtel in Ellipsenform um die Stadt, der noch dazu mehrere Forts vorgelagert wurden. Es entstand die größte Festung in Mitteleuropa. Das beeindruckende Werk aus weißem Kalkstein sollte nicht nur wehrhaft sein, sondern mit Anklängen an römische Kastelle und historistischem Schmuck auch ästhetisch beeindrucken. In Neu-Ulm, das innerhalb der Festung gerade erst entstand, verfolgte man ein abweichendes Konzept, hier wurden Ziegel verbaut, die Anlagen waren anders aufgebaut. Mit der Vollendung nach knapp zwanzig Jahren erwies sich die Bundesfestung als – längst veraltet. Die Artillerietechnik hatte parallel enorme Fortschritte gemacht: Die Reichweite hatte sich verdreifacht, die Kanonenkugeln waren durch Explosivgeschosse abgelöst worden. Ein möglicher Feind konnte aus sicherer Entfernung die Festung sturmreif beschießen. Und in Ulm war man ohnehin nicht mehr sonderlich glücklich mit dem Festungsstatus: Längst zeichneten sich die Grenzen des Wachstums ab, große Flächen durften aus taktischen Gründen nicht genutzt werden, bei mehrmaligen Alarmierungen herrschte Ausnahmezustand, auch wenn der Kriegsfall selbst glücklicherweise nie eintrat. Und 1866 schied schließlich auch noch Österreich aus dem Bund und damit als Truppensteller aus. Sollte man die Mauern nicht einfach besser abreißen?

In Ulm, um Ulm und um Ulm herum: überall Festungsreste

WAS TUN MIT DER FESTUNG? Vorerst kam dies aus Sicht des Militärs nicht in Frage, ab 1871 war Ulm nun Reichsfestung; Anpassungen und Modernisierungen der Festung wurden vorgenommen. Kurz nach 1900 jedoch war die Entwicklung so sehr über das halbe Jahrhundert alte Bollwerk hinweggegangen, dass schließlich die innere Umwallung an die Stadt verkauft und teilweise beseitigt wurde. Stattdessen entstand ein Aufrüstungsprogramm für die vorgelagerten Werke, bis 1916 sollte dort ein moderner Verteidigungsgürtel entstehen, der jedoch nur in Teilen verwirklicht wurde – es ist paradoxerweise der neueste, aber am wenigsten erhaltene Abschnitt der Festungsgeschichte. 1938 verloren Ulm und Neu-Ulm endgültig den Festungsstatus und was dem Ausgreifen der prosperierenden Donaustädte

Die Wilhelmsburg ist monumental, aber im Gegensatz zur Wilhelmsfeste massiv leer stehend.

im Weg war, wurde schnell beseitigt. Anderes wurde umgenutzt oder stand nun einfach herum. Nur noch die wenigsten Kasernen dienten als Kasernen, stattdessen zogen Ausgebombte und in der Nachkriegszeit oft Flüchtlinge ein. Bis in die 1970er-Jahre wurde noch so manches abgerissen, der Rest, insbesondere die langen Mauern, stark vernachlässigt. Ein Beitrag auf einem Kolloquium zur Festungsforschung im Jahr 1985 war eine einzige Klage über den miesen Zustand der – immer noch beeindruckenden – verbliebenen Teile der Festung durch starken Bewuchs und die fehlenden Bedachungen, die das Mauerwerk immer weiter der Zerstörung aussetzten. Es war aber auch der Wendepunkt für ein geändertes Bewusstsein. Nach und nach nahm sich die Stadt, in die selbst die einstigen Außenforts längst hineingewachsen waren, die Renovierung und Neunutzung der prägenden Festungsanlagen vor. Bei der Masse an Bauten ist natürlich der ein oder andere Problemfall geblieben. Der in jeder Hinsicht größte davon ist die monumentale Wilhelmsburg über der Stadt, eine Riesenkaserne mit 570 Räumen, von denen die meisten jedoch weiterhin leer stehen. In der vorgelagerten Wilhelmsfeste dagegen blieb die Tradition erhalten: Hier residiert noch immer das Militär.

Das besondere Erlebnis

Die Untere Donaubastion an der Basteistraße dient hauptsächlich als Schule, die Obere Donaubastion an der Schillerstraße beherbergt dagegen das Donauschwäbische Zentralmuseum, Veranstaltungsräume und einige Läden und ist somit in Teilen der Öffentlichkeit zugänglich. Explizit an Interessierte der Festungsgeschichte richten sich die Einrichtungen des restaurierten Forts Oberer Kuhberg, wo Führungen durch die Anlage selbst und die Gedenkstätte an eines der ersten KZ in Württemberg möglich sind (mehr unter https://dzok-ulm.de/). In Neu-Ulm ist ein Teil der verbliebenen Festungswerke am gemütlichsten beim Flanieren über das einstige Landesgartenschaugelände 2008, dem jetzigen Glacis-Park an der Ringstraße, zu betrachten. Zahlreiche weitere Informationen bietet die Webseite des Förderkreises: www.bundesfestung.de

Friedliche Ruhe im Park:
Einzelne Gräber sind erhalten geblieben.

30

UNEHRLICHE BEGRÄBNISSE

Der Alte Friedhof Ulm

Der Tod macht alle gleich? Falsch. Zumindest in Ulm auf dem Alten Friedhof galt diese vermeintlich allgemein gültige Weisheit keineswegs. Sein heutiges Dasein als netter Innenstadtpark täuscht über einige Seltsamkeiten früherer Zeiten hinweg.

Ulm, Stadtkreis Ulm (UL) **Ort** Frauenstraße, 89073 Ulm **GPS** 48.404654, 9.996824 **Anfahrt** Mit dem Zug zum Bahnhof Ulm (IC, RE Ulm–Stuttgart, Ulm–Aalen, Ulm–Donaueschingen). Mit dem Auto über A7, Ausfahrt Nersingen

WIR MÜSSEN DRAUSSEN BLEIBEN Am 18. November 1752 traf in Ulm ein Wagen aus der Gemeinde Kuchen im Filstal ein, der nichts anderes geladen hatte als ein einziges Fass. Dieses enthielt keineswegs irgendeine wertvolle Handelsware oder Lebensmittel zum Verkauf auf dem Markt, und der Wagen wurde auch nicht ins Stadtinnere, sondern zur sogenannten Totenhütte vor dem Gänstor nahe der Donau gelenkt, wo ihn kein Händler, sondern der Henker empfing. Dieser öffnete das Fass – und fand darin eine Leiche. Was ihn kaum überrascht haben dürfte, für ihn war dies ein gewohnter Anblick. Es handelte sich – konträr zu unserer heutigen Sicht – nicht um ein Opfer, sondern um einen Täter: einen Selbstmörder. Der Ulmer Scharfrichter tat, was er in solch einem Falle zu tun pflegte: Er verschloss das Fass erneut, brachte es zur Donau, warf es in den Fluss und begleitete es noch eine Zeit lang auf dem Wasser mit einer Zille, um es schließlich »weiter fort reissen [zu] lassen«. Es war das in jenen Tagen übliche Verfahren für Selbstmörder, zumindest derjenigen niedrigen Standes – der Mann aus Kuchen war ein Bauer gewesen –, eingenagelt in ein Fass wurden sie in die Donau geworfen. Nur wenn die Verwandten gute Argumente vorbringen konnten, begünstigt durch ihr Ansehen oder ihre Finanzkraft, konnten sie womöglich ein Begräbnis auf dem Friedhof erreichen. Allerdings nur in aller Stille und auf dem »unehrlichen« Teil des Gottesackers. Dies war noch immer, trotz heraufdämmernder Aufklärung, seit Jahrhunderten so. Der Ulmer Friedhof lag vor den Stadtmauern, was darauf zurückzuführen war, dass die einst zuständige Pfarrkirche Unsere Liebe Frau bereits stand, als sich der damals neue Stadtkern entwickelte. Die Ulmer mussten folglich »ennet feld« zum Gottesdienst und eben auch zu den Gräbern ihrer Vorfahren. Die Marienkirche ging manchen Vermutungen nach bis ins 7. Jahrhundert zurück, ihre Lage wurde erst problematisch, als Ulm sich zur bedeutenden Handelsstadt und politischen Größe entwickelte, die gerne auch mal kriegerischen Streit auf sich zog. Wurde sie belagert, war man plötzlich von der Pfarrkirche abgeschnitten. Die blieb zwar meist von Zerstörung verschont, aber auf Dauer war dieser Zustand unhaltbar. Mit Beginn des Münsterbaus 1377 verschwand deshalb die jahrhundertalte Marienkirche.

KLASSENGESELLSCHAFT Was blieb, war der Friedhof vor dem Frauentor. Der war nun zwar ohne Kirche – es gab wohl noch eine Kapelle, dazu einen Karner, also ein Beinhaus zum Sammeln der Knochen – und bekam Konkurrenz durch einige andere Begräbnisplätze in der Stadt, aber spätestens mit Einführung der Reformation wurde

Dieses gutbürgerliche Grabmal mutet eher als Denkmal an.

seine Rolle wieder gestärkt. Hatten sich die ersten Protestanten Ulms noch geweigert, sich überhaupt auf dem katholischen Friedhof begraben zu lassen, drehte sich der Spieß mit dem offiziellen Übertritt zur Lehre Luthers um: Nun wurde der Friedhof beim Frauentor zum Hauptbegräbnisplatz für alle – evangelischen – Ulmer, die nur noch wenigen Katholiken mussten auf die Enklaven Deutschordenshaus, Wengenkloster und Söflingen ausweichen. Und es bildet sich eine strenge Trennung nicht nur der Konfessionen heraus: Wer ein anständiger Ulmer Bürger war, mochte nicht neben allerlei fragwürdigen Personen liegen, auch nicht als Leiche. Und so entstand ein bürgerlicher, »ehrlicher« Teil, gut gepflegt und eingezäunt, sowie ein nicht-bürgerlicher, »unehrlicher«, der Fremdenfriedhof, nur halb so groß und teils verwildert. Dorthin kamen eben Fremde und Unbekannte sowie auf der Durchreise Verstorbene, aber auch Soldaten, Findelkinder, Waisen, Ungetaufte, die Kranken aus den verschiedenen Spitälern und Siechenhäusern, Tote aus Seuchenzeiten, Bettler und die unterste Unterschicht – sowie an Extraplätzen die hingerichteten Verbrecher und diejenigen Selbstmörder, die nicht in einem davonschwimmenden Fass endeten. Die Zwei-Klassen-Gesellschaft der Ulmer Toten manifestierte sich nicht nur in dieser strikten Separierung und im Zustand der beiden Gottesäcker, sondern in der Art der Begräbnisse: Auf dem bürgerlichen Friedhof dominierten Grabmale, während auf dem Nachbargelände bestenfalls Holzkreuze den Ort der Beerdigung kennzeichneten. Während die Begräbnisse angesehener Ulmer eine sehr komplizierte, exakt geregelte Zeremonie mit einem großen Zug der Trauergäste durch

Die eigentlichen Grabflächen sind schon längst verschwunden.

die Stadt erforderten, wurde auf dem Fremdenfriedhof entweder eine stille, meist sehr einsame Beerdigung vollzogen, manchmal der Tote einfach nur – zum Beispiel als Teil einer Strafe – ohne jeglichen Aufhebens nachts verscharrt.

DAS ENDE NAHT Die kurzzeitige bayerische Herrschaft über Ulm nach Verlust des Reichsstadtstatus 1803 hob diese Trennung auf. Und noch mehr: Ab jetzt sollten hier auch die Katholiken und mit etwas Verspätung ebenso die Juden begraben werden, zudem wurde der Friedhof von einer festen Mauer umgeben und im Inneren neu angelegt. Die Stadt bemühte sich früh um die Errichtung eines Leichenhauses und 1838 konnte das erste seiner Art in Württemberg errichtet werden. Es wurden sogar Personen als Wachen angestellt und Gerät angeschafft, um die grassierende Angst vor dem Scheintod in jener Zeit zu bekämpfen. Zugleich endete der Wildwuchs an Gräbern, alles wurde geometrischer und geordneter, allerdings hatten die Familien bei der Auswahl und Gestaltung der Grabmale weiterhin völlig freie Hand. Es herrschten bald repräsentative Grabstätten vor, die den Aufstieg Ulms zur Industrie- und Großstadt widerspiegelten. Es sind diese Monumente des Biedermeier und der Gründerzeit, historistisch oder klassizistisch, die den jetzt Alten Friedhof heute noch beherrschen. Wobei beherrschen nicht ganz der richtige Ausdruck ist, denn seit der Aufhebung als Begräbnisplatz 1899 und der Umgestaltung zum Park, der die frühere Ordnung etwa der Wege aufhob, gingen unzählige Grabmale verloren. Die verbliebenen, ganze 145 von einst mehreren Tausend, verlieren sich etwas auf dem weiten Gelände, ihr Zustand reicht von einwandfrei bis schwer bedenklich. Ein paar weitere konnten sich in Ulmer Museen retten, gut dreißig besonders schöne Exemplare der Renaissance und des Barockzeitalters wurden an die Außenwände der einstigen Friedhofskapelle drapiert.

Der Erhalt und die Pflege der Monumente sind nicht einfach.

Das besondere Erlebnis

Umrahmt wird der Alte Friedhof von den beiden großen Gotteshäusern der katholischen Georgs- und der protestantischen Pauluskirche. Beide Sakralbauten dienten ursprünglich als Garnisonskirchen, und sind, was man ihnen kaum ansieht, im Abstand von nur wenigen Jahren entstanden. Während St. Georg (1902–1904) noch ganz der traditionellen Neugotik verpflichtet ist, schuf der Architekt Theodor Fischer mit der Pauluskirche (1908–1910) ein wegweisendes Bauwerk der frühen Moderne, das von der Folgegeneration bewundert und als vorbildlich betrachtet wurde.

31

NICHT EINMAL MEHR ABSTELLGLEIS

Ulm Postbahnhof und Abstellbahnhof-Ost

Der Ulmer Bahnhof war früh herbeigewünscht, sorgte seit seinem Bau aber immer wieder für Probleme. Wieder einmal gibt es große Umbaupläne, einige Teile sind diesen bereits zum Opfer gefallen.

Ulm, Stadtkreis Ulm (UL) **Ort** Bahnhofsplatz 2 (Postbahnhof), Veitsbrunnenweg 1/1 (Abstellbahnhof), 89073 Ulm **GPS** 48.402003, 9.983882
Anfahrt Mit dem Zug zum Bahnhof Ulm (IC, RE Ulm–Stuttgart, Ulm–Aalen, Ulm–Donaueschingen). Mit dem Auto über A7, Ausfahrt Nersingen

Post-Moderne: Die Architektur des Postbahnhofs ist beeindruckend, aber auch schwer gefährdet.

UNGLÜCK IM GLÜCK Die Ulmer träumten schon von der Eisenbahn, als es diese noch gar nicht gab. Zumindest nicht auf deutschem Staatsgebiet. Politik und Wirtschaft der Stadt sprachen sich nachweislich bereits am 22. September 1835 für einen möglichen Bahnanschluss aus – zweieinhalb Monate, bevor überhaupt der berühmte »Adler« von Nürnberg nach Fürth fuhr. Das frühe Engagement sollte belohnt werden, es war bald klar, dass Ulm in die erste württembergische Hauptstrecke, die Südbahn, integriert werden sollte. Damit aber begann eine anhaltende Auseinandersetzung um die Lage des Bahnhofs. Zwei Varianten standen zur Diskussion: Ein Standort im Norden oder im Westen. Berücksichtigt werden mussten die Belange des Landes, der Stadt – und des Militärs, schließlich war Ulm Bundesfestung (siehe 29). Durchgesetzt hat sich der Westen. Eine Entscheidung mit weitreichenden Folgen. Einerseits war sie der erhoffte positive Impuls für den Aufschwung, Ulm wurde bedeutender Wirtschaftsstandort, bald bestens angebunden an die Hauptstadt Stuttgart, den Süden – und damit der Schweiz, man hatte das ›Rennen zum Bodensee‹ gewonnen –, dem Osten mit Bayern und dem Norden. Die Prosperität sowohl des Bahnhofs als auch der Stadt ließen jedoch auch bald eine negative Begleiterscheinung erkennbar werden: Ulm uferte Richtung Westen aus, doch die dort

Die Bagger verschonen nur ganz im Osten des Abstellbahnhofs ein paar Gleisreste.

gelegenen Siedlungen waren durch die anwachsenden Gleisanlagen vom Rest der Stadt abgeschnitten. Die nun ständig folgenden Bemühungen um die bessere Anbindung durch mögliche Brücken, Tunnel, eine Verlegung des Bahnhofs – der Standort im Norden wurde immer wieder neu ins Spiel gebracht – oder dessen Versenkung ins Unterirdische halten bis auf den heutigen Tag an.

SCHRUMPFUNGSPROZESSE Über Jahrzehnte hatte sich der Bahnhof Ulm weiter ausgedehnt, im Nordwesten war der riesige Güter- und Rangierbahnhof rund um Söflingen entstanden, im Nordosten der Abstellbahnhof-Ost, kleiner, aber trotzdem immerhin zwölf Gleise umfassend. Ihm benachbart lag der Postbahnhof, 1962 nach den Kriegszerstörungen neu errichtet, er besaß fünf Gleise, wovon drei in die Halle des Gebäudes hineinführten. Anfahrbar war er nur ›um die Ecke‹, d. h. via Abstellbahnhof. Mit der Aufgabe der Nutzung der Bahn durch die Post seit 1997 stand er leer. Aber er stand. Anders ging es den Zollgebäuden am Abstellbahnhof, für die dort die südlichen Gleise reserviert waren. Die Bauten sind mittlerweile verschwunden, die Gleise ihnen später gefolgt. Der Abstellbahnhof-Ost zwischen Wilhelmstraße und Veitsbrunnenweg ist nur noch in einigen wenigen Gleisrudimenten vorhanden – Bauland so nah am Zentrum ist hochbegehrt. Endgültig vom Verkehr abgeschnitten ist dadurch der weiterhin ungenutzte, aber noch vorhandene Postbahnhof mit seiner charakteristischen Halle. Seine Zukunft ist ungeklärt – in manchen Konzepten bleibt er als Kulturstandort erhalten, in anderen droht ihm der Abriss. Ebenfalls noch vorhanden, aber von zunehmend geringerer Bedeutung ist das schrumpfende Areal des Rangier- und Güterbahnhofes – ihm ist durch den modernen Umschlagbahnhof bei Dornstadt (siehe 4) im Norden ein mächtiger Konkurrent erwachsen.

Ein Stück altes Brückengeländer über dem Abstellbahnhof

Das besondere Erlebnis

… soll der Ulmer Bahnhof der Zukunft werden. An die Vergangenheit, als der Hauptbahnhof noch gemeinsam von Württemberg und Bayern genutzt wurde, erinnern die sogenannten bayerischen Gleise aus Richtung Neu Ulm, die heutigen Bahnsteige 25 bis 28. Auch sie könnten jedoch bald ein verschwundenes Relikt sein, je nachdem, welches Konzept sich für den sogenannten City-Bahnhof Ulm mitsamt Umfeld durchsetzt. Das Vorhaben wird seit der Jahrtausendwende konzipiert, auch hier spielt die Aufhebung der Ost-West-Stadttrennung eine bedeutende Rolle. Erste Bauarbeiten sollen nun endlich beginnen.

Die wichtigste Funktion dieses einsamen Häuschens zwischen den Gleisen ist heute das Tragen eines Mobilfunkmastes.

Auf diesem Bergrücken hinter Weilheim ist das Unglück damals geschehen.

32

DER TOD DES FLIEGENDEN ENGELS

Der Flugzeugabsturz 1934 bei Weilheim (Württ.)

Sie war sozusagen eine Flug-Pionierin: Nelly Diener. Als erste Stewardess Europas machte die Schweizerin weltweit Schlagzeilen. Sie starb bei einem Flugzeugunglück in der Nähe von Wurmlingen.

Wurmlingen, Landkreis Tuttlingen (TUT) **Ort** 60549 Frankfurt **GPS** 48.018465, 8.796419 **Anfahrt** Mit dem Zug zum Bahnhof Weilheim/Württ. (RB Blumberg–Tuttlingen–Rottweil). Mit dem Auto über A81, Ausfahrt Tuningen

EIN ATTRAKTIVES ANGEBOT 1934 war alles noch ziemlich neu: Die Swissair war erst drei Jahre alt, der Luftraum über der Eidgenossenschaft nur von wenigen Fluglinien durchzogen, aber die Entwicklung schritt erkennbar voran. Zum neuen Sommerflugplan konnten die Kunden auf ein Angebot zurückgreifen, das viel versprach: Eine Reise von Zürich über Stuttgart und Leipzig nach Berlin in nur drei Stunden und 40 Minuten – die Zwischenaufenthalte bereits eingerechnet. Morgens um 9:20 Uhr ging es in Zürich-Dübendorf los, einem Flughafen, der noch immer existiert, aber heute überwiegend militärisch genutzt wird. Um 10:05 Uhr war man bereits in Stuttgart-Böblingen, zwanzig Minuten später ging es weiter nach Leipzig-Schkeuditz, Landung 12:10 Uhr, Weiterflug 12:20 Uhr, Ankunft in Berlin um 13:00 Uhr. Schon um 13:25 Uhr flog die Maschine zurück, 17:05 Uhr war man wieder in Zürich. Und dies jeden Wochentag – der Service richtete sich folglich vor allem an Geschäftsleute. Fliegen war noch weit davon entfernt, ein Privat-, geschweige denn Familienvergnügen zu sein. Möglich machte der Swissair dieser von ihr so apostrophierte Schnellverkehr eine Neuanschaffung, wie sie selbst stolz verkündete: Das »amerikanische Großflugzeug« Condor, genauer gesagt, eine jüngst angeschaffte und vom Hersteller extra für den Schweizer Einsatz angepasste Curtiss T-32 Condor II. Das Flugzeug mit einer Spannweite von gut 25 Metern und einem Leergewicht von 5,2 Tonnen konnte eine Spitzengeschwindigkeit von 275 Kilometer pro Stunde erreichen, durchschnittlich verkehrte sie mit 240 Kilometer pro Stunde auf 4000 Meter Höhe. Zur Besatzung gehörten der Pilot und ein »Radiotelegraph«, der als Bordfunker und Navigator diente. »Großflugzeug« bedeutete in diesem Fall Platz für 15 Passagiere. Und da Fliegen, wie erwähnt, noch eine recht junge Fortbewegungsform war, überlegte sich die Swissair für ihre teils mit der Reise in den Lüften unerfahrene und dadurch oftmals verunsicherte Kundschaft auf dem Flug nach Berlin zusätzlich etwas Besonderes.

ERSTMALS IN EUROPA »Die Veramerikanisierung unseres Luftverkehrs macht rapide Fortschritte« konstatierte das Fachblatt *Aero Revue*. Was erst nach Kritik klingt, ist stattdessen der Auftakt eines Artikels, der sich in Lobeshymnen über das neueste Angebot der Swissair ergeht. Auch, allerdings eher nebenbei, spielen dabei die Schnellflugzeuge eine Rolle, die eigentliche »bahnbrechende« Sensation aber ist eine dritte Person der Besatzung, die von der Fluggesellschaft selbst eher nüchtern angekündigt wird: »Zudem wird eine junge Dame den Dienst einer Stewardess versehen; den Gästen mit Auskünften und allerlei kleinen Hilfeleistungen (Verabfolgung von Reiseproviant) zur Verfügung stehen.« Was hier in typisch Schweizer Zurückhaltung vermeldet wurde, war eine Revolution. Nelly Diener, 22 Jahre alt, trat einen Posten an, den es so in ganz Europa noch nicht gab – und der auch in den als Vorbild dienenden USA noch ziemlich neu war. Es war ein geradezu genialer Coup, wie auch das Presseecho belegt. Genannte *Aero Revue* konnte sich kaum einkriegen vor schwelgerischen Attributen: »Es handelt sich

Auf der Plakette hat sich ein Fehler eingeschlichen.

um eine blonde, lockige, langbewimperte junge Dame, deren Aufgabe es sein soll, den Fluggästen der ›Condor‹ zwischen Zürich und Berlin in ihren kleinen und größeren, körperlichen und seelischen Nöten nach Kräften beizustehen.« So oberflächlich und wenig dezent der Autor über Nelly Diener schreibt, er verweist doch auf Aufgaben, die neben dem klassischen Bordservice einiges an Taktgefühl der Stewardess verlangen und ihren Beruf so anspruchsvoll machen, nämlich die Beruhigung der Passagiere. Wie gesagt, Fliegen war noch ungewohnt, so mancher Gast dürfte zwischen Panik und Unwohlsein geschwankt haben. Darauf deuten auch die doch ziemlich ungewohnten Aktivitäten Nelly Dieners an Bord hin. Natürlich brachte sie Erfrischungen, aber sie spielte mit den Kunden auch Karten, es wurde gemeinsam gesungen oder einfach nur geredet, um vergessen zu machen, dass man sich in einigen Tausend Meter Höhe befand. Nelly Diener war folglich nicht nur Pionierin, sondern gewissermaßen auch Psychologin. Nicht nur die *Aero Revue,* auch mancher Passagier mag sie deshalb als »Engel« betrachtet haben. In ihrer Uniform (»todschick« laut der unermüdlichen *Aero Revue*) und mit der kess aufgesetzten Mütze wirkt sie auf Fotos nicht nur äußerst selbstbewusst, sondern entspricht auch dem Bild der Neuen Frau, wie sie etwa die – längst vergangenen – Goldenen Zwanziger versprachen.

TÖDLICHER ABSTURZ Nelly Diener konnte bald 100 000 Flugkilometer aufweisen, die Crew der Condor war erfahren. Am 27. Juli 1934 stand der Routineflug Zürich–Berlin an – ihr insgesamt 83. – und wie immer ging es 9:20 Uhr los. Man hatte kaum die Schweizer Grenze überquert, war nun nach einer halben Flugstunde auf gut 2000 Meter über der Schwäbischen Alb, als kurz hinter Tuttlingen mit einem ohrenbetäubenden Knall der rechte Motor mit einem Teil der Tragfläche abbrach. Von da an war die Condor nicht mehr zu retten. In einem rasanten Sturzflug raste sie fast senkrecht dem Boden entgegen und zerschellte auf dem Russberg bei Weilheim auf Wurmlinger Gemeindegebiet im Wald. Alle neun Passagiere und die drei Besatzungsmitglieder, neben Nelly Diener der erfahrene Kapitän Armin Mühlematter und der junge Hans Dischinger, waren tot. Obwohl sich die Experten über die exakte Ursache nicht vollkommen einig waren, bestand kein Zweifel an einem technischen Versagen, trotz der erst wenigen Monate, die die Maschine in Dienst gewesen war. Teile des Flugzeugs fanden sich noch in knapp einem Kilometer Entfernung von der Hauptabsturzstelle, an der sich heute das Denkmal für die Katastrophe befindet. Dessen Plakette gibt allerdings einen falschen Absturzzeitpunkt (16:00 Uhr) an. Mit dieser Tragödie endete die noch junge Karriere Nelly Dieners – doch wird sie in den Annalen der Luftfahrt immer als erste Stewardess Europas in Erinnerung bleiben.

Das besondere Erlebnis

Von der Absturzstelle aus ist die Wurmlinger Nonnenhöhle durch eine Wanderung gut erreichbar. Rätselhaft bleibt, worauf der Name des Naturdenkmals zurückzuführen ist. Während die einen behaupten, die Felssäule vor dem Eingang erinnere an eine Klosterschwester, wird zumeist vorgebracht, die Frauen der im Ort existierenden kleinen Beginengemeinschaft hätten sich hier in Notzeiten, insbesondere während des Bauernkrieges, in Sicherheit gebracht. Viel Platz allerdings bietet die Höhle nicht – und die Wurmlinger Frauenklause hat den Krieg wohl auch nicht überstanden, kurz darauf galt sie als verlassen.

Der Gedenkstein am Unglücksort, verborgen im Wald, ist von teils bizarren Beigaben umgeben.

33

HAFT FÜR HOCHWÜRDEN

Die Demeritenanstalt Weiterdingen

Wenn einem der Arbeitgeber einen Aufenthalt im Schloss anbietet, klingt das eigentlich recht gut. Aber nicht, wenn dieser Arbeitgeber das Schloss vorher zur Strafanstalt erklärt hat.

Weiterdingen (Gemeinde Hilzingen), Landkreis Konstanz (KN)
Ort Schloßstr. 2, 78247 Hilzingen **GPS** 47.798451, 8.768052
Anfahrt Mit dem Zug zum Bahnhof Mühlhausen (RB Konstanz–Engen). Mit dem Auto über A81, Ausfahrt Singen

Ein Aufenthalt im Schloss könnte so schön sein – wäre es nicht ein Gefängnis.

DAUERGÄSTE »Ich bin 32 Jahre alt und habe genug ausgestanden. Es wird sich für mich ein Ausweg finden.« Dies dürfte eher eine buchstäblich fromme Hoffnung gewesen sein, die der Briefeschreiber aus Ärger über den Direktor hier gegenüber seinen Eltern geäußert hatte, erst recht nachdem eben jener Direktor, wie es seine Aufgabe war, das Schreiben kontrolliert und verständlicherweise weitergemeldet hatte, enthielt es doch zudem bösartige Gerüchte über seine Person. Es herrschte offenkundig keine gute Stimmung, obwohl es sich sowohl bei dem Gast als auch dem Vorsteher um Geistliche handelte, allerdings in denkbar unterschiedlichen Umständen. Der Briefeschreiber, ein Pfarrer Sutter, war Insasse der Demeritenanstalt Weiterdingen, der andere, Direktor Beetz, deren Leiter. Warum genau Sutter seinen Aufenthalt – naturgemäß unfreiwillig – in dem ehemaligen Schloss nehmen musste, ist nicht bekannt, es konnte keine Kleinigkeit gewesen sein, die er sich – zumindest aus Sicht des Erzbistums Freiburg – zuschulden hatte kommen lassen. Insbesondere, da er mit, wie er ja selbst erwähnt, 32 noch sehr jung war, nicht nur an Jahren, sondern auch in seinem Beruf. In jedem Fall saß er nun hier, in einem sehr beschaulichen Hegaudorf, umgeben von einer herrlichen Vulkanlandschaft, aber doppelt einsam: weitab von der Außenwelt und weitab von den Mitmenschen, denn das Verlassen des Gebäudes war nur mit einer Begleitperson erlaubt – für gewöhnlich der Direktor. Äußerlich war (und ist) der Barockbau aus dem späten 17. Jahrhundert nicht sehr auffällig, lediglich durch seine relative Größe sticht er im Ortsbild hervor. Im Inneren ist die Ausstattung gediegener, der übliche Stuck, wie er für die Epoche typisch ist, ziert viele Räume. Die Freiherren von Hornstein als Inhaber hatten nur bedingt Freude an ihrem Ansitz, ab 1805, nach dem Verlust der Ortsherrschaft, war er über Jahre ungenutzt, 1855 musste er schließlich aufgrund der finanziellen Situation der Familie zwangsversteigert werden. Obwohl zwischenzeitlich im Besitz mehrerer Weiterdinger Bürger, konnten diese sich nicht darauf einigen, dass Gebäude der Gemeinde als Rathaus und Schule zu überlassen – und so griff 1861 das Erzbistum Freiburg zu.

EINE HAFTANSTALT FÜR PRIESTER Nach außen hin war über den neuen Zweck des 1864 nach Renovierung bezugsfähigen Schlosses offiziell wenig zu erfahren. Aber natürlich wusste jeder, im Dorf und unter

Dort oben saßen die Priester – ein gut gehütetes Geheimnis.

den Priestern des Erzbistums, was sich hinter dem euphemistischen Titel »Demeritenanstalt« verbarg: Hierher wurden Geistliche beordert, die eben keinerlei Meriten hatten, sprich: Die in irgendeiner Weise nach Urteil der Erzdiözese für den Priesterberuf nicht mehr tauglich waren. Anders als heute war es nicht möglich, sich in den sogenannten Laienstand versetzen zu lassen, also das Amt aufzugeben. Wer dies beabsichtigte, verlor nicht nur seinen Beruf, sondern die Zugehörigkeit zur katholischen Kirche überhaupt, ein Schritt, den kaum jemand wagte. Im Erzbistum gab es zwei Stätten, an denen Priester über ihre Fehler nachdenken sollten: St. Peter im Schwarzwald und Weiterdingen. Nach St. Peter wurden jedoch für gewöhnlich nur Pfarrer geschickt, die kleinere Vergehen abzubüßen hatten, nach mehrwöchigen Exerzitien – Gebetsübungen – kehrten sie in den Dienst zurück. Solche Kurzaufenthalte gab es auch in Weiterdingen, doch dort saßen vor allem die schweren Fälle, Priester, für die keinerlei Aussicht mehr bestand, dass sie auf eine Pfarrstelle zurückkehren durften. Weiterdingen, das war oft gleichzusetzen mit lebenslänglich. Der Staat betrachtete diese schwerwiegenden Urteile als innere Angelegenheiten der Kirche, selbst in den heftigsten Zeiten des Kulturkampfes in den 1870er-Jahren begnügte er sich mit gelegentlichen Visitationen, anschließend fielen selbst diese weg. Die Gründe für eine Überstellung in die Demeritenanstalt waren vielfältig, sie reichten von renitenten Priestern, die sich innerkirchlich unbeliebt gemacht hatten (also z. B. Sympathien für die Demokratie zeigten) über Geistliche, die strafrechtlich auffällig geworden waren bis hin zu Alkoholikern oder psychisch Angeschlagenen.

ALLTAG IM PRIESTERKNAST Diese Mischung lässt den seltsamen Charakter der Anstalt bereits erahnen. Hinzukamen noch die Insassen mit Zeitstrafen, die oft nur wenige Wochen in Weiterdingen verbrachten. Das Schloss hatte deutlich den Charakter eines Gefängnisses, unter anderem dadurch, dass die Besserungswürdigen während ihres Aufenthaltes möglichst von den Dauerinsassen getrennt werden sollten, um sie nicht deren schlechtem Einfluss auszusetzen – ein typisches Problem in Haftanstalten. Zwar gab es nur den Direktor als Aufseher, wie erwähnt selbst ein Geistlicher, während der sonstige Dienst von Nonnen und Einheimischen verrichtet wurde, dieser hatte aber enorme Vollmachten. Dazu gehörte auch die von ihm verlangte Kontrolle der aus- und eingehenden Briefe. Besuche waren streng reglementiert, ein gestaffeltes Strafsystem sollte für Disziplin sorgen, vom Essensentzug bis hin zum verschärften Hausarrest. Der gewöhnliche Tagesablauf erinnerte zwar mehr an ein Internat oder Seminar, er ließ durchaus viel Freizeit zu, sah aber andererseits erzwungene Arbeit vor. Diese erschien auf den ersten Blick keineswegs stumpfsinnig, waren die Priester doch angehalten, wissenschaftliche oder theologische Werke zu studieren und jede Woche hierzu einen Aufsatz abzufassen. Dieser landete allerdings unbesehen in der Ablage, was den Frust nur erhöhte. Selbst der Erzbischof kam 1902 nach einem Besuch zu einem vernichtenden Urteil: »Leider sind die armen geistlichen Ruinen fast ganz sich selbst überlassen.« Kleine Verbesserungen wurden erlaubt, z. B. handwerkliche Tätigkeiten, für die es sogar einen geringen Lohn gab (aber weiterhin keine Möglichkeit, das Geld auszugeben). Doch die ohnehin nie sonderlich hohe Zahl der Insassen – selten waren es mehr als ein Dutzend – sank beständig, siebzig Jahre nach Einzug der ersten Demeriten wurden die Pforten der Anstalt 1934 stillschweigend geschlossen. Es gab keine Neuaufnahmen mehr, vor Ort im Schloss saßen nur noch zwei Geistliche, die von den ebenfalls verbleibenden Nonnen betreut wurden. Mit dem Tod des letzten Priesters während des Zweiten Weltkriegs endete die Geschichte der Demeritenanstalt. Das Schloss blieb im Besitz des Erzbistums – von einer kurzen Phase der Enteignung durch die Nazis abgesehen –, das dort erst ein Kurheim, später ein Bildungshaus einrichtete. Man darf annehmen, dass die neuen Besucher freiwillig und gerne kamen.

Das besondere Erlebnis

2007 wendete sich das Blatt wieder oder, wenn man so möchte, wurde der Verlauf der Geschichte rückgängig gemacht. Das Erzbistum Freiburg hatte keine Verwendung mehr für das Gebäude und suchte einen Käufer. Der fand sich wiederum in einem Unternehmer aus dem Münchener Umland. Sein Name: Josef Freiherr von Hornstein. Damit ging das Schloss wieder in die Hände der Erbauerfamilie über. Diese stellt das Gebäude für Veranstaltungen, insbesondere Hochzeiten, zur Verfügung. Den Gästen wird damit ein zwar nur kurzer, aber wesentlich angenehmerer Aufenthalt aus erfreulicherem Anlass geboten als den einstigen Demeriten. Informationen unter: www.schloss-weiterdingen.de

Die nahe Wallfahrtskapelle Weiterdingen war für die Geistlichen unerreichbar.

Darf nicht vergessen werden:
Erinnerungsstätte Eckerwald (Kapitel 23)

Wiederbelebte Wallfahrtsstätte Welschenberg
(Kapitel 14)

REGISTER

IMPRESSUM

Verantwortlich: Claudia Hohdorf
Lektorat: Pamela Scholz
Korrektorat: Christiane Gsänger
Layout: BUCHFLINK Rüdiger Wagner
Covergestaltung: Anna Katavic
Layout- und Reihengestaltung: Mathias Frisch
Kartografie: Bruckmann Verlag GmbH, Heidi Schmalfuß
Repro: LUDWIG:media
Herstellung: Alexander Knoll
Printed in Poland by CGS Printing

Sind Sie mit diesem Titel zufrieden? Dann würden wir uns über Ihre Weiterempfehlung freuen.
Erzählen Sie es im Freundeskreis, berichten Sie Ihrem Buchhändler, oder bewerten Sie bei Onlinekauf. Und wenn Sie Kritik, Korrekturen, Aktualisierungen haben, freuen wir uns über Ihre Nachricht an Bruckmann Verlag, Postfach 40 02 09, D-80702 München oder per E-Mail an lektorat@verlagshaus.de.

Unser komplettes Programm finden Sie unter www.bruckmann.de

Alle Angaben dieses Werkes wurden vom Autor sorgfältig recherchiert und auf den neuesten Stand gebracht sowie vom Verlag geprüft. Für die Richtigkeit der Angaben kann jedoch keine Haftung übernommen werden, weshalb die Nutzung auf eigene Gefahr erfolgt. Insbesondere bei GPS-Daten können Abweichungen nicht ausgeschlossen werden. Sollte dieses Werk Links auf Webseiten Dritter enthalten, so machen wir uns die Inhalte nicht zu eigen und übernehmen für die Inhalte keine Haftung.
In diesem Buch wird aus Gründen der besseren Lesbarkeit das generische Maskulinum verwendet. Weibliche und anderweitige Geschlechteridentitäten werden dabei ausdrücklich mitgemeint, soweit es für die Aussage erforderlich ist.

Empfehlung der Redaktion Sie sind auf der Suche nach weiterführender Literatur? Dann empfehlen wir Ihnen den Titel »Lost & Dark Places Allgäu und Oberschwaben« von Benedikt Grimmler.

Bildnachweis Alle Bilder im Innenteil stammen von Benedikt Grimmler

Umschlagvorderseite: Das ehemalige Beichtigerhaus in Neudingen (Kapitel 16)
Umschlagrückseite: Überbleibsel der Ölschieferfabrik Eckerwald (Kapitel 23)

Die Deutsche Nationalbibliothek verzeichnet diese Publikation in der Deutschen Nationalbibliografie; detaillierte bibliografische Daten sind im Internet über http://dnb.d-nb.de abrufbar.

ISBN 978-3-7343-2845-9